**달러 자산 1억으로
평생 월급 완성하라**

달러 자산 1억으로 평생 월급 완성하라

집 한 채에 갇힐 것인가, 현금 부자로 살 것인가

The Million-Dollar Paycheck

채부심(채상욱) 지음

몽스북
mons

프롤로그

건설사를 거쳐 증권사 애널리스트로 일하며, 지난 20년간 한국의 부동산과 주식 시장을 가까이서 지켜봤습니다. 이를 바탕으로 유튜브 경제 채널 〈채부심〉(채상욱의 부동산 심부름센터)을 운영하고, 기관 투자자를 대상으로 주식 세미나를 진행하며 ETF의 등장, '동학개미'와 '서학개미'로 이어지는 시장의 변화를 현장에서 경험해왔습니다.

그 과정에서 한 가지 사실을 분명히 느꼈습니다. 한국은 자산 배분의 구조 자체가 부동산에 과도하게 집중되어 있다는 점입니다. 부동산은 시간이 지나면 오른다는 인식 속에서, 많은 사람이 유동성이 떨어지는 자산을 전 재산처럼 보유한 채 살아갑니다. 퇴직연금조차 주택 매입이나 전세 자금으로 인출할 수 있는 구조는, 결과적으로 노후의 현금 흐름을 원활하게 해줄 금융 자산이 축적되지 못하도록 만드는 제도적 장벽입니다.

현실은 분명합니다. 한국은 OECD 국가 중 60대 노인 빈곤율 1

위라는 불명예를 안고 있습니다. 노후가 되면 돈벌이가 여의치 않으니 결국 모아놓은 자산을 현금화해 살아야 하는데, 부동산은 '지니고 있는 자산'일 뿐 '쓸 수 있는 자산'이 아닙니다. 그런데도 내 집 마련에 올인하느라 금융 자산을 확보해 놓은 사람이 많지 않다는 것을 실무에서 수도 없이 확인해 왔습니다.

하지만 저는 변화의 가능성 또한 보고 있습니다. 미국 주식, 특히 S&P500이나 디지털 자산 등에 투자하며 복리의 힘을 체감한 개인 투자자들이 등장하고 있기 때문입니다. 내수 중심의 미국 시장은 한국과 구조가 달라 장기 우상향 흐름을 만들 수 있고, 이를 통해 실제로 자산을 2배, 4배 이상 불린 사례도 많습니다. 저는 이런 변화 속에서 우리가 어디에 집중해야 할지를 더 분명히 제시하고 싶었습니다.

이 책은 단기 수익을 노리는 트레이딩 기술서가 아닙니다. 장기적으로 복리 효과를 낼 수 있는 자산에 나의 시간과 소득을 어떻게 연결시킬지를 다루고 있습니다.

주식, 부동산, 연금, 디지털 자산 등 다양한 자산군을 다루지만, 핵심은 '지속 가능한 현금 흐름을 어떻게 만들 것인가?'입니다. 사람마다 자산 규모, 생애 주기, 위험 선호도가 다르기에 획일적인 방법이 아니라 자신에게 맞는 전략을 고민해야 할 때입니다.

이 책은 다음과 같은 분들을 위해 썼습니다.

- 40대에 접어들어 퇴직까지 15~20년을 남겨둔 직장인
- 퇴직연금은 있지만 제대로 운용하지 못하는 분들
- 외화 자산 투자의 필요성은 절감하지만 실천하기 어렵다는 개인 투자자들
- 재테크에 휘둘리지 않고 노후를 준비하고 싶은 사람들

자산 시장이 단기 강세로 뜨거워지는 이 시점에, 저는 단 하나의 메시지를 전하고 싶습니다.

노후 준비는 거창할 필요 없습니다. 시간을 아군으로 삼고, 복리의 구조를 설계하면 누구든 해낼 수 있습니다. 저 역시 이 원칙대로 자산을 배분해 노후를 준비하고 있으며, 그 방식에 대해 독자 여러분과 솔직하게 공유하고 싶었습니다.

이 책이 여러분의 자산 설계에 작은 기준점이 되어, 편안한 노후를 위한 현금 흐름을 마련하는 데 도움이 되기를 바랍니다.

2025년 여름, 채부심

차례

프롤로그 • 004

Chapter 1 한국은 재테크 과몰입 사회

01	한국인은 투자가 제2의 직업?	014
02	그럼에도 '이런' 재테크를 해야 하는 이유	031
03	노후를 위해 필요한 자산은 5억 4,000만 원?	039
04	3억 원만 있어도 부자인데, 30억 원이 있어도 부자가 아니라는 사람들	049
05	저성장 국가의 국민은 투자 관점을 달리해야 한다	057
06	외화 자산에 장기 투자를 당장 시작해야 하는 이유	064

Chapter 2 달러 자산을 사라

01 '돈'으로 '자산'을 산다는 것 — 072
02 저성장 시대의 자산 투자 방법 — 082
03 고배당 ETF와 주식으로 소득부터 높여라 — 086
04 방향이 맞다면 절반은 성공한다, 월 소득에 집중하라 — 098
05 채부심의 배당 투자 제안 — 103
06 ETF 투자 가이드 — 111

Chapter 3 해외 ETF 투자로 노후 준비를 완성하라

01 미국의 지수 ETF로도 주식 투자 충분하다 — 118
02 S&P 500 기반의 지수형 ETF 비교 — 124
03 나스닥 기반의 지수형 ETF 비교 — 128
04 레버리지 ETF를 절대 하지 말아야 하는 이유 — 133
05 '목표일 펀드'의 개념과 생애 주기 투자 방법 — 141

Chapter 4　주식은 안 하는 것이 낫다?

- 01　투자와 위험 그리고 수익률　　150
- 02　주식 공부가 투자 수익을 높여주지 않는다　　160
- 03　장투냐 손절이냐 그것이 문제로다　　167
- 04　관심 종목을 업종별이 아니라 '성격별'로 정리하라　　177
- 05　지속 성장 기업의 주식만 사서 잠들라, 다른 걸 사서 잠들면 큰일 난다　　185

Chapter 5　부동산, 어떻게 해야 하나?

- 01　달러 표기로는 3년간 −40% 하락한 것이 한국 부동산　　194
- 02　주거비의 개념과 주택 가격 전망　　200
- 03　성장주 투자와 아파트 투자가 같은 이유　　206
- 04　소액 갭 투자를 하지 말아야 하는 이유　　210
- 05　이사를 갈까, 매매를 할까, 월세 살고 주식을 할까　　215

Chapter 6 연금 전략

01 연금제도 완벽히 이해하기　　　　　　　　　　　　222
02 국민연금을 드는 게 나아요, 안 드는 게 나아요?　　227
03 퇴직연금을 운영하라　　　　　　　　　　　　　　232
04 연금저축 하지 마라　　　　　　　　　　　　　　　243

Chapter 7 피크아웃 코리아, 생존 전략

01 피크아웃이 온다　　　　　　　　　　　　　　　　252
02 외화 자산 투자는 매국 행위?　　　　　　　　　　257
03 연금 피크아웃도 머지않았다　　　　　　　　　　　262
04 일본의 잃어버린 30년이 한국에 펼쳐진다면 대비가 되어 있는가?　266

부록 1　이재명 시대, 자산 시장 대전환 실전 가이드 · 272
부록 2　액티브 ETF의 시대를 열다 · 296

Chapter 1

한국은 재테크 과몰입 사회

01

한국인은 투자가
제2의 직업?

　김태리 씨는 아침에 눈을 뜨면 바로 어제의 미국 증시를 확인한다. '아, 오늘도 테슬라가 올랐구나……' 하고 안도하며 부자가 될 것 같은 기분으로 화장실에 들어가면서 하루를 시작한다. 출근길에는 네이버 프리미엄 콘텐츠에서 구독하고 있는 글들을 읽고, 지하철이나 버스에서 유튜브 채널을 시청한다. 특히 미국 시장의 전날 동향과 특징을 정리해 주는 채널이 늘어나면서 볼 게 아주 많아졌다. 국내 증시도 혹시 모를 테마주가 있을지 모르니 증권 방송 등을 찾아보거나, 유튜브의 다른 재테크 채널들도 놓치지 않는다. 주말에는 주식 특강을 챙겨 본다. 강사는 작년에 반도체 상승 사이클을 맞추면서 일약 스타덤에 오른 사람인데, 신청자가 수백 명이지만 거기서 종목을 알려줄 것 같아서 신청했다. 혼자 주식 분석을 다 할 수 없어서 '리딩방'이라고 불리는 텔레그램 방에도 가입해 둔 상태다.

이지성 씨의 아침 일과도 김태리 씨와 비슷하다. 그는 아침마다 부동산의 전일 실거래를 알려주는 텔레그램 채널에서 자기가 살고 있는 지역의 실거래가들을 일제히 알림을 받고 있다. '오늘은 이 아파트가 얼마 빠졌고, 저 아파트는 얼마 올랐다' 등의 정보를 듣는다. 부동산 카페의 인기 글을 읽고, 커뮤니티를 돌아다닌다. 부동산 유튜버 채널 중에서 괜찮은 채널들을 즐겨찾기 하고 있는 터라, 그 정보들을 듣는다. 최근 정국이 변화하면서 과거의 부동산 시장과 정책들을 현재와 비교해 설명해 주는 채널들을 구독해 두고 영상들을 보고 있다.

이 두 사례는 재테크를 열심히 하는 30~50대 직장인들의 일상적인 아침 모습일 수 있다. 한국은 노후를 스스로 준비해야 하는 국가이기 때문에, 재벌로 태어나지 않은 이상 그 누구도 재테크에서 결코 자유로운 삶을 살 수가 없다. 가끔 미국인들이 소득의 전부를 지출로 쓴다는 말을 들으면 대체 왜 그러는지 알 수 없다가도, '먹고살 만하니까 그러겠지' 하고 넘어가곤 한다. 미국을 포함한 많은 나라는 개인들이 노후를 전적으로 준비해야 하는 각자도생 국가라는 얘기를 들어본 적이 별로 없다.

그러면 재테크의 결과는 좋은가? 재테크를 열심히 해서 성과는 난 것 같지만 여전히 불안한 경우도 적지 않다. 서울이나 경기 남부인 과천-분당-광교에 자가를 마련해서, 통계가 말하는 상위 10% 자산가(순자산 10억 원 이상)에 들어갔음에도 집 한 채로는 불안하다는 사람도 많다. 집이 재산인 건 맞지만 거주 중인 집을 팔 수는 없으니 내 손에 쥐어진 현금이 아니므로 집을 빼고 계산해야 순자산이 맞는 거 아닌가, 10억 원 이상을 가진 상위 10% 자산가는 집을 빼고 내야 하는 수치일 거라고 생각하기 때문이다.

따라서 집 말고 다른 자산도 마련해야 하는데 집을 매번 상급지로 갈아타야 하니 다른 자산이 증가할 틈이 없다. 한 채로는 부족해서 투자가 필요하여 2020년 코로나19를 전후로 전세를 끼고 주택을 사서 집 두 채를 유지하고 있는데, 요즘에는 두 채 가격이 모두 약세라서 더욱 불안하다.

〈채부심〉(채상욱의 부동산 심부름센터) 같은 투자 관련 유튜브 채널을 보면 피크아웃이니 뭐니 해서 대한민국이 소멸한다고 하는데, 물론 조회 수를 올리려고 그러는 것을 알면서도 막상 영상들을 보면 마음이 쫄린다. 불안해하는 내게 옆의 누군가가 "약세론자는 명예를 얻고, 강세론자는 돈을 번다."는 말을 전해 준다. '아, 그렇지. 약세론자인 채부심도 돈은 못 벌었을 거야. 돈은 나 같은 강세론자만 버는 거니까.' 하고 위안을 한다.

　이런 불안감을 아는지, 재테크 관련 유튜브를 여니 온통 공급 부족으로 오른다고 하는 논리와 명분을 제공하는 채널들에서 업로드를 했고 섬네일을 보니까 위안이 된다. '지금은 물렸지만 곧 회복되겠구나. 아참, 지금 내가 주식은 얼마를 하고 있더라?' 하고 주식 계좌를 열어본다. 급여 계좌에 있는 자투리 돈도 싹싹 긁어모아서 주식이라도 할라치면 어디에 어떻게 투자해야 할지 애매할 때가 많다.

　요즘은 해외 자산에 투자하는 게 대세라니까 미국 주식을 해야 할 것 같은데 정보 접근성이 좀 떨어지는 것 같고, 재테크를 좀 아는 친구들은 SPY나 QQQ 같은 지수를 사거나 SCHD 같은 배당 ETF_{Exchange Traded Fund}(상장 지수 펀드)를 하라고 조언하는데 이게 나랑 맞는지를 모르겠다(SPY, QQQ, SCHD가 생소한 독자들은 뒤에서 설명하니 일단 넘어가자).

　그렇다고 한국 주식을 하자니 영 믿음이 안 가는 것이 문제다. 주변에 주식 투자를 하는 사람 혹은 부동산 투자를 열심히 하는 사람들을 잘 알고 있지만, 나는 그들만큼 큰 위험을 질 생각도 쉽게 할 수 없다. 또 주식으로 돈을 번 사람을 별로 본 적도 없다. 부동산으로 돈을 벌었다는 사람들은 꽤 많은데…….

2020년대 한국인들은 투자가 제2의 직업인 양 재테크에 몰입하고 있다. 필자가 좋아하는 서울 대치동의 한 호떡 가게를 갔을 때 일이다. 호떡이 맛있기로 입소문 난 가게였다. 혼자서 호떡을 먹으며 가게 안쪽을 둘러보니 호떡을 구우시던 사장님이 앉아서 휴대폰을 유심히 보고 있었다. 그래서 무얼 하냐고 물었더니 대뜸 "테슬라 주식이 어디까지 갈까요?"라고 나한테 묻는다. 평소에도 국내 투자자의 저변이 넓어졌다는 생각을 하고 있던 차였지만 호떡집에서 테슬라 주식이 얼마까지 갈지에 대한 질문을 들을지는 미처 생각지 못했던 터라 반성하는 마음과 함께 "얼마에 사셨냐?"고 물어봤다. 그랬더니 "25만 원"이라고 답이 왔다.

통상 해외 주식 가격을 말할 때는 원화보다는 달러로 말하는 것이 편리했지만, 원화로 해외 주식을 사는 시대인 만큼 원화로 말을 하는구나 깨닫고서는, 25만 원을 달러로 환산해 보니 약 180~200달러 언저리에서 매수한 듯했다. 당시 테슬라 주가는 450달러(2024년 정점 수준)였으니 수익이 꽤 났을 법했다. 그러면서 짐짓 '아, 사장님이 테슬라 주식을 갖고 있는 걸 자랑하려고 물어보셨던 거구나. 뭐 충분히 그럴 수 있지.' 속으로 생각하며 호떡이 들었던 종이컵을 버리려는데, 사장님이 자기는 테슬라 주식을 많이 못 샀다고 했다.

"몇 주 사셨어요?"

"1주요."

"……"

그러고는 "아, 이놈이 육십몇만 원까지 갔었는데, 그래서 돈을 좀 벌었는데 요즘 좀 내려서 아쉽습니다."라고 한다. '역시나 주식에 많이 투자한 것은 아니구나. 어쩌면 다행일 수도 있겠다.'라고 생각했다. 사실, 여기까지는 위화감이 전혀 없었다. 문제는 그다음이었다.

"그런데 저는 사실 테슬라 레버리지 ETF가 있어서 2배짜리인 그걸 해요."

그러고는 내가 호떡에 이어 어묵을 먹는 내내 ETF의 장점과 주가의 무빙에 대해서 열변을 토하셨다. 사장님의 옆에는 고령의 어머님이 앉아 계셨는데 내내 조용히 아들의 말을 들으셨다. '테슬라 레버리지 투자 스토리를 우연히 어묵을 먹다가도 듣는 시대가 됐구나.'라고 생각하다가 레버리지 ETF를 너무 좋게만 말하는 사장님의 모습에 결국 오지랖인 나는 입을 열고 말았다.

"사장님, 테슬라는 좋은 기업이지만 레버리지 ETF는 구조상 그냥 자잘하게 상승·하락을 반복만 해도 가격이 녹아버려요. 10% 오르고 10% 내리는 것을 반복해도 가격이 0으로 내려가요. 그러니 차라리 레버리지 ETF 말고 본 주를 하시는 게 어떨까 싶네요."

그렇게 주제넘은 조언을 하고 호떡집을 나왔다. 다음에 그 호떡집을 갈 수 있을지 자신이 없다.

그날의 사건은 한국에서 미국 주식이 얼마나 광범위한 사랑을 받는지를 체감하게 해줬다. 굳이 예탁결제원의 해외 주식 투자 잔고를 확인하지 않더라도, 이렇게나 저변이 넓어졌음을 인정해야 할 것이다.

여의도의 금융 시장에서부터 동네의 호떡집에 이르기까지 전 국민이 해외 주식 투자를 하고, 레버리지 ETF를 사는 데 거리낌이 없어진 것은 금융 시장의 정보가 다양한 방식으로 개인들에게 전달되면서부터다. 2017년 이전까지는 해외 주식에 투자하는 것이 실제로 상당히 어려웠고 그 금액은 한국인 전체로 따져도 30억 달러가 되지 않는 수준이었다.

코로나19가 발발한 2020년 1분기에도 100억 달러가 되지 않았지만, 2024년 말 기준으로 1,130억 달러에 이르면서 4년 만에 10배 성장했고, 2017년 대비로는 50배 이상 커졌다. 현재는 국내 주요 증권사를 비롯해 핀테크로 시작한 토스증권 등을 통해서도 해외 주식 투자를 아주 손쉽게 할 수 있게 되었다.

다음의 미국 주식 총 잔액 추이를 보자.

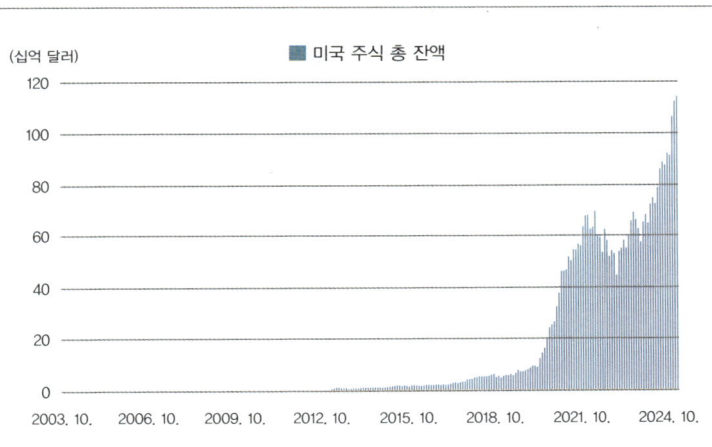

자료: 예탁결제원

투자 방법이 쉬워졌으니 거래가 증가하는 것은 당연하다. 그런데 개인 투자자로 오래 활동했고, 이후에는 여의도 증권가에 들어와서 기관 투자자들을 위한 서비스를 오래 해오면서 양측을 모두 돌아다녀 본 입장에서, 지금의 이런 모습들을 보면 안타까운 마음이 많이 든다.

내가 주식을 잘하고 다른 개인 투자자가 못하고 하는 차원이 아니다. 나보다 투자 잘하는 개인들은 한국에 아주 많을 것이다. 그러나 문제는 그런 것이 아니다. 주식 투자를 잘하기 위해서 하는 노력에 매몰되다 보면 다른 것을 놓칠 수 있어서다.

당장 공부량만 해도 그렇다. 투자를 직접 하려고 하면 어느 분야나 공부량이 적을 수가 없다. 부동산을 매수하려고 해도 책은 기본이고 현장 답사에 유튜브, 또 주변 사람들의 여러 얘기와 금융·세제·부동산 정책 등 공부할 게 산더미다. 그런데 부동산은 대체적으로는 유사하게 움직이는 시장이기라도 하지, 주식은 산업마다 분야마다 개별 요인들이 있다 보니 시장에서 나 스스로 무언가 하기 위해서는 말 그대로 시간을 엄청 쏟아야 한다. 그 과정에서 자연스럽게 공부량이 너무 많아서 현업을 잘할 수 있을까 하는 우려가 든다.

나 역시 처음 증권사 입사 후 섹터를 공부하면서 공부량이 폭증했었는데, 그래도 그때는 직업이 투자 분석이니 "돈 받고 공부한다."는 말을 농담처럼 하곤 했다.

그러나 한국의 개인 투자자들은 돈 받고 공부하지 않고, 돈을 내고 공부해야 한다. 현업 따로, 투자 따로여서다. 즉, 투자 공부는 내 현업 집중 시간을 갉아먹는 요소가 된다. 그럼에도 불구하고 상당수의 직장인 개인 투자자들이 마치 내가 2011년부터 산업 리서치 하듯이 스터디를 한다. 미국과 한국의 다양한 산업들을 바닥부터 천장까지 훑으면서 공부를 하고 있는 것이다. 내 기준으로 보자면, 건설과 부동산 분야만 공부하는 데도 십 년 넘게 걸렸는데, 다른 산업들을 다 어떻게 쫓아간다는 걸까? AI부터 양자 컴퓨터까지, 바이오부터 AI 소프트웨어들까지, 화학이나 조선 같은 사이클 산업까지 거의 모든 산업을 타이트하게 공부하는 한국의 투자자들은 그래서 근본적으로 시간 부족에 시달릴 수밖에 없다. 가뜩이나 수도권 과잉·과밀로 다른 나라들에 비해 출퇴근에 2배 이상의 시간을 소요하는 상황이니, 출퇴근 시간까지 쪼개서 공부하는 사람들로 붐비고 있다. 21세기판 주경야독이다.

국민연금의 위탁 펀드 매니저(국민연금은 직접 운용도 하지만 대부분 위탁 관리를 한다)로 일하는 지인이 한국 사회를 "전 국민이 집단적으로 몰입해서 재테크를 공부하는 유일한 나라 같다."라고 평가한 적이 있다. 나는 이 말을 듣자마자 상당히 공감했다.

첫 번째, '전 국민이 집단적으로'라는 말이 와닿아서다. 일단 우리나라는 어떤 이슈가 화제가 되면 SNS를 통해서 그것이 순식간에 퍼지고 전 국민이 그 분야를 공부하기 시작한다. 사례를 들자면 2024년 말 계엄 정국을 거치는 과정에서 한국인의 헌법적 지식은 비약적으로 상승했을 것이다. 마찬가지로 2017~2021년을 거치면서는 부동산 세법과 관련한 지식이 폭발적으로 증가하였고, 2022년에는 한국의 2차 전지(배터리) 산업에 대한 지식이 폭발적으로 증가하였다고 여겨진다. 처음에는 2차 전지를 잘 몰랐던 사람도 나중에는 양극재, 음극재, NCM, LFP, 622, 811, 9반반…… 등의 용어를 자연스럽게 사용하면서 말을 이어나간다. 이렇게 된 데에는 특정 분야의 관심사가 전국적으로, 또 동시다발적으로 퍼져나가기 때문이다. 최근에는 팔란티어 테크놀로지스(빅 데이터 분석 소프트웨어 플랫폼을 전문으로 하는 미국의 상장 회사)에 대해서도 여의도 최상단의 사모 펀드에서부터 앞서 언급한 호떡집과 같은 데서도 듣고 있다. 전 국민이 팔란티어 전문가가 된 것이 한국이다. 이것이 '집단적으로'라는 말에 공감한 이유다.

두 번째로 '재테크를 공부하는 유일한 나라'라는 부분에도 공감할 수밖에 없었다. 그런데 다른 나라 사람들은 투자 공부를 하지 않을까? 그건 아니다. 투자를 공부하지 않는 나라는 없다. 그러나 한국은 재테크 공부가 필수이고 그 정도가 깊다는 것이 문제다.

옆 나라 일본의 사례를 담은 『1940년 체제』(노구치 유키오 저)를 보면, 일본은 한때 재테크라는 단어의 기원이 될 정도로 재테크의 나라였다. 1980년대 일본에서, 정부가 지원하는 기업체라면 그 보조금을 받고, 또는 자본 시장에서 전환 사채를 조달하고 난 후 생긴 금액을 회사에 쓰는 게 아니라 예금을 하면 그 예금 이자가 조달 비용보다 더 크게 생기면서 돈이 돈을 만드는 것을 본 기업의 재무 담당자들이 자신들이 하는 것을 '재테크'라고 부르면서 퍼지기 시작했다. 이 책의 저자인 노쿠치 유키오 교수가 "일본이 재테크만 하다 보니까 혁신성을 잃어버리고, 잃어버린 30년의 시작을 맞았다."라고 적은 것을 보면 전국적 재테크의 결과가 어떤지도 예고하고 있다고 할 수 있다.

    같은 의미로 한국이 재테크의 나라가 된 것은 결코 이상한 일이 아니다. 감히 단언컨대 우리는 일본보다 그 정도가 더 심하다. 왜 그럴까? 우리나라의 경제 체제가 매우 자유 시장적이어서다. 경제를 좀 더 이해하고 있는 사람은 공감하겠지만, 인간이 살아가는 데 필요한 제품·서비스(집, 교육, 의료, 연금, 출산 보조, 사망 지원, 음식료 등)를 국가가 100% 조달하는 경우를 완전한 사회주의(중앙 계획 경제)로 부를 수 있으며, 반대로 민간이 100% 조달하는 나라를 완전한 자유 시장 경제라고 할 수 있을 것이다. 한국이 이 중 어느 쪽에 가까운지 물어본다면 이미 '각자도생'이라는 말이 유행할 정도로 자유 시장 경제에 너무나 가깝다.

    반면 일본은 '준사회주의' 국가라고 스스로 생각할 정도로 국가나 지자체를 통해서 제공받는 제품·서비스가 적지 않다. 가장 대표적인 것이 연금이다. 일본은 연금 개혁을 통해서 어쨌든 소득의 18%를 연금으로 내면 향후 60%를 보조 받으며 노후를 지낼 수 있는 연금 시스템이 작동한다.

한국은 43%로 소득 대체율을 올렸다고는 하나, 실질적으로는 21%에 불과한 국민연금을 가지고 있기 때문에 연금이 잘 작동하지 않는다. 그래서 개인연금에 적극적으로 가입한다. 즉, 연금 서비스조차도 국가가 충분히 해결해 주지 않고 개인들에게 알아서 준비하라고 하는 각자도생의 상태다. 한국의 전체적인 제품·서비스 조달 체계를 보면 거의 완전한 자유 시장 경제 체제에 다가가 있다. 일부 교통비, 전기요금 등을 제외한다면 아주 그렇다.

그런 맥락에서 한국은 집단적으로 재테크를 공부해야 하는 나라일 수밖에 없고, 이미 그렇다. 이런 생각을 평소에 하고 있다 보니 지인의 말에 공감을 했던 것이다.

심지어 최근 붐이 일고 있는 해외 주식 투자를 하려면 영어 공부도 해야 한다. 어학 공부까지 하면서 투자 공부를 해야 하는 그런 시대인 것이다. AI가 도와준다고는 하나 봐야 할 자료만 더 많아졌을 것이다.

일단 집단적으로 공부를 하는 부분에서는 타의 추종을 불허하고, 한 번 공부할 때는 말도 안 되는 분량을 공부하고 그 정보의 전파나 전달이 남다르다. 세탁기가 생겨서 빨래에서 자유로워지는 것이 아니라, 빨아야 할 옷이 더 많아지면서 빨래하는 시간으로 나가는 시간은 동일한 그런 개념이 아닐까.

해외 주식 투자자들은 이 시간에도 증가하고 있다. 2017년 이전에는 존재를 찾기 어렵던 해외 주식 투자자들은 이후 폭증했고, 특히 코로나19 시기에 급성장했다. 금액적으로는 코로나19 시기를 전후로 폭증한 것으로 보이지만, 인원 기준으로는 지속해서 증가하고 있음이 잡힌다. 가령 코로나19 대폭등의 정점인 2021년만 해도 해외 주식 투자자는 '서학개미' 열풍으로 588만 명 수준이었는데, 2024년 8월 기준 710만 명을 돌파했고, 현 추세대로라면 향후 1년 안에 약 1,000만 명에 도달할 것이라는 전망이 나올 정도. 저변이 넓다 못해 '국민 투자처'가 되고 있는 것이 해외 주식, 특히 미국 주식이다. 그 와중에 한국 주식 투자자 수는 2022년 1,440만 명에서 2023년 1,415만 명으로 오히려 감소했으니 비교가 될 법하다.

나는 이러한 현상을 '계좌 이민'이라고 부르고 있다. 진짜 이민이 내 몸이 움직이는 것이라면, 계좌 이민이란 몸은 한국에 있고 돈만 미국으로 가는 것을 의미한다. 한국 주식 시장을 떠나 미국 주식 시장에만 투자한다는 사람도 적지 않은데, 이처럼 투자에서 탈한국을 선언한 사람들이 하나의 거대한 흐름이 되고 있다.

여기까지 정리하면, 투자에 있어서 한국은 그 어느 나라보다 빠르고 정확한 편인데, 아마도 그 이유는 미래가 불안하다는 심리가 지배하고 있어서 아닐까 추측해 본다. 노후가 불안하고, 결혼·출산·육아가 불안하니 한국의 유일한 생존 지역인 수도권에서 제품·서비스를 지속해서 조달하면서 살기 위해서는 돈을 악착같이 벌어야 하고 모아야 하는 것이다. 본디 미래가 적당히 평온하면 오늘 할 일을 중요하게 생각하는 법이지만, 우리는 내일이 불안하니 오늘이 아닌 내일을 보고 오늘을 희생하면서 사는 형국이다. 한국의 연금 시스템상 연금만으로는 내 노후를 책임지지 못하기에 자신이 돈을 벌어야 하는데, 그 돈은 몇억 원 정도가 아닐 것 같고 수십억 원은 되어야 할 것 같기에 주말마다 공부를 하고 임장을 다니고 낮밤으로 주식을 스터디하고, 유료 서비스를 구독해서 이를 통해서 자산을 늘려나가는 일을 하는 것이다. 이를 '재테크 과잉적 삶'이라고 부르겠다.

그렇게 바쁘게 살았는데 성과가 좋지 않으면 말 그대로 절망의 늪에 빠지기도 한다. 아울러 학습하는 정보의 양이 증가하다 보면 뇌가 감당하지 못하는 상황까지 가게 되고, 어떤 날에는 내가 무엇을 위해서 이렇게 고생을 하나라는 생각도 든다. 투자는 번아웃을 만들기도 한다. 내 주변에도 투자를 너무 과잉해서 하다가 번아웃이 온 사람이 적지 않다.

이러한 상황에서 깨쳐 나오는 방법은 결국 잠시 멈춰 서서 현실을 냉정하게 바라보는 것이다. 내가 제일 먼저 제안하는, 재테크 과잉적 삶에서 벗어나는 방법은 '목표'에 대해서 한번 객관적으로 생각해 보라는 것이다. 그냥 작위적으로 '나는 상위 1%가 될 거야.' 같은 목표 말고, 정말 내게 필요한 목표가 어느 정도인지를 생각하라는 것이다. 그리고 그 목표를 달성하는 시점에 대해서도 생각을 해야 하는데, 이 개념을 잘 인지하지 못하면서 문제가 커진다. 이에 대해서는 후술하도록 하겠다.

재테크 과잉적 삶에서 찾아오는 번아웃을 해소하려면, 나날이 돈에 쫓기는 기분에서 벗어나서 이 문제를 완전히 해결하려면 그간 해온 관성적인 재테크 습관에서 벗어나야 한다. 어쩌면 지금까지 독자 여러분이 한 것은 노후를 잘 대비하는 것이 아니라, 오히려 30~50대를 너무 혹독하게 사느라 삶의 많은 부분을 놓치거나 몸을 혹사해서 나중에 병을 얻어 노후가 더 힘들어질 가능성이 높은 인생일 수도 있다.

나 역시 30대에 하루 4시간 이하의 수면 시간을 지속하며 10년 이상을 살다 보니 중증 녹내장을 포함한 다양한 질병이 찾아왔다.

특히 눈에 띌 정도로 심화된 시점이 30~40대에 너무나 과도하게 돈에 몰입해서 일했던 시기였다고 느껴진다. 즉 젊은 시절 나의 건강을 돈과 바꾸려고 했던 것인데, 일을 열심히 하려는 것을 넘어서 노후의 경제적 삶을 위해서 지금 다 모아둬야 한다는 생각에 과잉 매몰되면 남는 것은 닳아빠진 육체와 두뇌뿐일 수 있다. 그러니 이런 형태의 자기 소모적인 재테크가 아니라, 시간을 내 편으로 만들고 자신을 지키는 재테크를 해야 한다.

시간을 지배한다는 것은 단기간에 투자 성과를 내기 위해서 무리하는 것이 아니라, 투자 대상에 시간을 들여서 자연스럽게 시간이 자산을 불릴 수 있도록 하여 매매 행위로부터 일정 부분 자유로워지는 것이다. 투자도 노동과 같아서 본인이 직접 머리를 써서 매일 해도 되지만, 핵심지 아파트를 매수 후 장기간 두었을 때 가치가 상승하는 것처럼 시간을 나의 편으로 두는 것이다.

모든 자산이 시간을 들인다고 상승하는 것은 아니다. 따라서 이 책에서는 '어떤 형태의 자산'에 투자해야 시간을 내 편으로 만들어 자산을 상승시킬 수 있는지 자세히 설명할 요량이다.

참고 자료
매일경제: www.mk.co.kr/news/stock/11138922

그럼에도 '이런' 재테크를 해야 하는 이유

우리가 살아가면서 자산을 형성하려고 노력하는 이유는 간단하다. 자산이 결국 살아가는 데 필수적임을 다 알기 때문이다. 한국인이라면 누구나 이 문제에서 벗어날 수 없는데, 바로 한국이 자본주의 국가이기 때문이다. 자본주의에 대해 여러 가지 정의를 내릴 수 있지만, 제품과 서비스 등을 구매하는 데 자본이 필요한 제도를 말한다(앞서 '누가' 조달하냐에 따라 계획 경제와 자유 시장 경제로 구분한 바 있다). 제품과 서비스를 100% 민간이 조달하느냐, 100% 국가가 제공하느냐에 따라 전 세계 국가들이 자기 위치를 정하고 있다.

한국은 민간 조달 비중이 높은 시장 경제 자본주의를 근간으로 한다. 따라서 먹고살고 인간다운 삶을 영위하려면 자본이 필요한 것은 당연하다. 문제는 그 정도가 점점 더 심해지고 있다는 것이

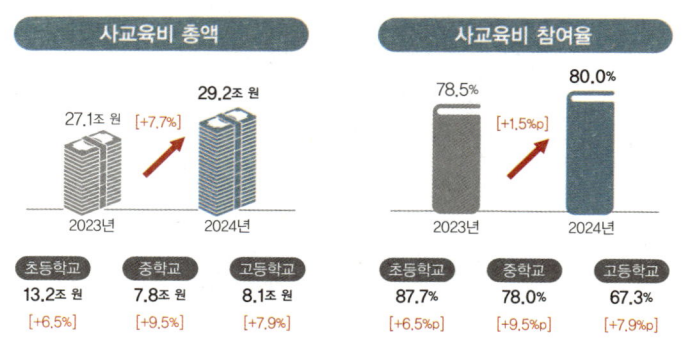

자료: 2024년 초중고 사교육비 조사 결과(통계청)

다. 비근한 예가 사교육이다. 공교육을 살려야 한다는 주장도 좋지만, 한국은 이미 교육 서비스를 국가로부터 조달받지 않고 스스로 조달하는 수준에 이르렀고, 그 규모가 연간 30조 원에 육박한다. 즉, 교육의 시장화가 한국의 사교육이다.

이처럼 특정 제품·서비스를 공적으로 조달받느냐 사적으로 조달하느냐에는 상당한 차이가 존재한다. 점점 더 사적으로 조달받는 시스템으로 갈수록 자본이 필요하므로, 한국인은 그 어느 나라 국민들보다 자본 조달의 압박을 느낄 수밖에 없다. 따라서 인간답게 먹고살기 위해서는 필연적으로 투자를 해야 한다.

그렇다면 자본주의의 필수인 자본은 어디서 얻을까? 자본을 좁

게 해석하면 먼저 개인 차원의 소득이라고 할 수 있다. 이 중 근로 등을 통해서 반복적으로 벌어들이는 것도 소득이고, 투자 등으로 자산을 만들고 매각 또는 현금 흐름을 통해서 늘리는 것도 소득이다. 이때 주로 자산을 다루면서 소득을 늘리는 활동을 재테크라고 한다.

우리가 소득을 얻는 방식은 두 가지뿐이다. 하나는 경상적이고 반복적인 소득이 생기게 하는 것이고, 다른 하나는 비경상적으로 어쩌다 한 번 소득이 생기게 하는 경우다. 이를 세법적으로 보면 좀 더 명확한 구분이 생긴다.

우리나라의 세법에서는 소득을 경상과 비경상으로 구분한다. 먼저 경상적인 소득은 총 6가지로 나뉜다. 가장 대표적인 경상소득은 근로소득이며, 이때 근로소득의 주체는 직장인(임금근로자)을 의미한다. 그런데 임금근로자가 아닌 개인사업자 등은 사업을 통해 소득을 얻으므로 '사업소득'이라고 한다. 흔히 프리랜서 등으로 불리는 사람이 개인사업자인데 이들 역시 노동을 하지만 사업소득으로 집계가 된다.

직장인이거나 개인사업자의 소득 외에 또 무슨 소득이 있을까? 근로소득이나 사업소득을 제외한 나머지 네 가지는 바로 이자, 배당, 연금, 기타소득이다.

이름만 들어도 알겠지만, 이자는 예금에서, 배당은 주식과 채권에서, 연금은 연금에서, 기타는 이들 중 해당하지 않지만 반복적으로 얻는 소득을 말한다. 예를 들어 나는 신문 등 언론사에 기고를 하고 원고료를 받는 경우가 있는데, 이때는 본업과 무관한 기고이지만 당장은 '기타소득'으로 잡는다. 그런데 이것이 반복된다면 어쩌다 한 번 한 게 아니다 보니 '사업소득'이 되곤 한다. 어쨌든 사업소득이든 기타소득이든 경상소득에 포함된다.

비경상소득에는 무엇이 있을까? 가장 유명한 비경상소득은 부동산의 양도소득이다. 그런데 양도소득이란 말보다 양도세, 양도세 하니까 소득이 아닌 것처럼 생각할 수도 있는데, 양도소득 역시 소득세율의 적용을 받는 소득이다. 다만 부동산의 양도라는 것이 경상적으로 이뤄지기 어렵고, 평생에 몇 번 못 하는 게 일반적이므로 '비경상' 소득으로 분류를 해서 세율을 적용하고 있다.

그 밖의 비경상소득은 자산에 따라 달라지는데, 2024년에 상당한 화두가 되었던 주식 등과 같은 '금융투자소득'이 있다. 금융 투자란 금융 상품 중 원본(원금) 손실이 생길 수 있는 상품을 매수하는 것으로, 주로 주식, 채권, 파생상품 등을 의미한다. 이들 상품을 거래하면서 수익이 생겼다면 이에 대한 소득세를 적용하는 것이 금투세, 바로 금융투자소득세(금투세)다. 물론 현재 금투세는 2026

경상소득	비경상소득
근로소득	양도소득(부동산)
사업소득	금융투자소득(주식)
이자소득	가상 자산(코인)
배당소득	
연금소득	
기타소득	

자료: 채부심

년 말까지 시행이 연장되어서 웬만한 개인 투자자들은 금투세를 내지 않는다.

마지막 비경상소득은 가상 자산(코인)에 투자해 얻은 소득이며, 가상 자산세가 부과된다. 이 역시 주식과 유사하지만 금융 상품은 아니어서 별도로 분류된 것인데, 결국 비경상소득은 부동산·주식·코인에 대한 과세라는 의미다.

다시 한번 정리하면, 자본주의에서 개인에게 자본을 소득으로 좁혀서 해석할 때, 소득을 얻는 방법은 경상적으로는 근로(일)와 사업 중 하나, 추가로 이자, 배당, 연금, 기타소득을 올리는 방법이 존재한다. 비경상에서는 부동산, 주식, 코인을 잘 사고팔아서 소득을 올리라는 의미가 된다. 따라서 많은 경우에 재테크는 비경상 부문에서 부동산·주식·코인을 잘 사고파는 것을 의미하며, 이것을 잘하는 사람을 좋은 투자자라고 생각한다.

그러나 본디 소득의 증가는 경상소득과 비경상소득의 균형에서 상승작용이 나는 법이지, 특정 분야에 치우쳐서 좋을 것이 없다. 경상소득의 증가 없는 비경상소득 역시 장기적으로 지속되기란 어렵다.

코로나19 시국이던 2021년, 한 지인이 2%대 금리로 80억 원을 대출해 100억 원 약간 안 되는 빌딩을 구입했다. 그는 국내 톱티어 반도체 기업에 다녔는데, 아파트 투자로 비경상소득이 치솟고 시드 머니가 모이자 그 빌딩을 매수한 뒤 직장을 그만두었다. 왜냐하면 신神보다 높다는 건물주가 되었기 때문이다. 그러나 2022년 하반기부터 금리 상승이 불어닥치면서 이자가 월에 3,000만 원대로 치솟고(80억 원 대출 기준 2.5% 이자는 월 1,700만 원대, 5% 이자는 3,400만 원), 건물 임대 소득으로 들어오는 현금 흐름(사업소득)보다 지출할 이자 비용이 더 많아졌다. 게다가 이미 직장을 그만둬 근로소득도 없는 상태였기 때문에 해당 부동산을 처분할 수밖에 없었다. 결국 원금을 사실상 대부분 다 날리면서 처분했고, 동시에 직장도 그만두었기 때문에 새로 일을 구해야 하는 처지가 됐다.

내가 하나증권에 재직하던 시절, 모 은행장이 세미나에서 한 말이 있다. 우리말 '재산財產'에서 재는 스톡stock 개념이고, 산은 플로flow 개념이라고 하였다. 본래 회계는 스톡과 플로를 구분하면서 시작하는데, 한자어인 재산도 그런 개념을 포용하고 있다는 점에서 신선했다. 이어서 본인의 60대 지인 중 두 부부의 사례를 소개했는데, 자못 충격적이었다.

한쪽 부부는 공무원으로 퇴임을 한 뒤 공무원연금을 받으면서 생활하고 있고 서울에 사둔 집은 없었으나 광역시에 자가 한 채가 있었고, 노부부라 소비는 적고 받는 돈은 컸기에 현금 흐름이 풍족했다. 다른 부부는 서울 강남에 아파트를 한 채 갖고 있었고, 분양 시절부터 유지했기에 대출이 없어서 자산상으로는 30억 원의 부자이지만 연금이 적어서 퇴직 후 현금 흐름이 충분하지 않았다. 그런데 이 두 부부의 건강이 나빠져서 집에서 기절 직전까지 간 적이 있는데, 공무원 부부의 자녀들은 부모를 들쳐메고 근처 병원까지 뛴 반면, 강남 주택에 사는 부부의 자녀들은 세브란스병원이 지척이지만 아프다는 전화에도 얼굴도 비치질 않아서 그대로 죽는 줄 알았다고 한탄했다는 것이다.

그러면서 그 이유를 설명했는데, 아파트는 부모가 죽으면 자식에게 상속이 되기에 자녀가 안 온 것이고, 연금은 자녀에게 상속이 되지 않기 때문에 자녀가 부모를 살리려고 병원으로 들쳐메고 달렸다는 것이다.

연금 현금 흐름의 중요성을 알리려고 다소 과격한 예시를 든 것이지만, 자산만 갖고 있는 재정 상태의 위험함을 언급하기 위해서이기도 했다. 즉, 연금 현금 흐름을 가진 부모는 자식한테 잘 대접을 받지만, 아파트 같은 자산은 한 번 주면 끝이기 때문에 주고 나면 대접도 받지 못한다는 의미다.

이 에피소드를 책에 적는 이유는, 많은 사람이 재테크라고 하면 '자산'을 형성하는 데만 집중하고 현금 흐름을 크게 신경 쓰지 않는다는 점을 지적하고 싶어서다. 그러나 자본주의에서 제품과 서비스를 사는 데 자본이 필요하고, 그 제품과 서비스 중 어떤 것들을 사고파느냐가 우리네 인생이라고 한다면, 자산을 사면서 다른 것을 사지 못하는 인생보다는 양쪽의 밸런스를 균형 있게 추구해야 재밌고 행복한 인생을 살 수 있을 것이다.

어느 한쪽에 대한 과도한 추구는, 기울어진 저울처럼 인생을 위태롭게 만들 수 있다. 따라서 우리는 자산 형성만을 위한 것이 아니라 현금 흐름과 같은 경상소득을 높이는 투자를 해야 한다. 이 둘을 병행하지 않고서는 어딘가 삐걱거리게 될 것이다.

03

노후를 위해 필요한 자산은 5억 4,000만 원?

2019년 일본 금융청은 "연금으로 생활하는 고령 부부(남편 65세 이상, 아내 60세 이상)가 30년간 더 살 경우에 약 2,000만 엔의 저축이 필요하다."는 내용을 담은 보고서를 발표했다. 많은 일본인이 자신들의 고령기의 삶을 국가가 책임질 것으로 믿었다가 이 보고서가 나오면서 국가적으로 상당한 논란이 일어났다.

보고서의 주요 내용을 보면 노후를 위해서는 월 26만 엔의 생활비가 필요한데 연금으로는 20만 엔밖에 지급할 수 없고, 따라서 매월 부족한 약 6만 엔은 개인이 각자 알아서 준비해야 한다는 것이다. 그러자 일본인들은 "국가가 연금 개혁을 할 때 다 해준다고 하지 않았느냐? 이제 와서 각자 준비하라고 하면 어떻게 하느냐?" 하며 크게 반발했다. 이러한 국가적 논란이 일자 당시 재무대신이던 아소 다로는 금융청의 보고서를 인정하지 않았는데, 그 핵심 논리는 보고서가 '국민을 불안하게 했다.'는 것이었다. 일본 연금계에서 상당히 알려진 해프닝이자 논란이었다.

옆 나라의 연금 논란을 지켜보면서, 개인적으로는 오히려 약간의 부러움이 일었다. 한국의 경우에는 '노후를 국가가 책임진다.'는 개념이 이제는 너무나 약해졌기 때문이다. 오히려 일본에서 '국가가 노후를 책임진다.'는 인식이 2019년 되어서야 깨진 것이 놀라웠다. 현재 한국의 젊은 세대에서는 그 누구도 국가가 자기 인생을 노후까지 책임져 줄 것이라 기대하지 않을 것이다. 내가 만나본 20~30대들은 국민연금을 제2의 세금으로 생각하고 있을 정도다. 요즘 1990년대생들과 만나서 일을 하다 보면 열에 아홉은 이러한 생각을 하고 있다고 느낄 정도로 연금에 대한 불신이 팽배하다. 그리고 연금에 대한 불신이 인생을 괴롭히는 큰 이유 중 하나다.

은퇴 이후의 삶, 즉 노후의 경제적 불안은 인간이 갖는 근본적 불안 중 하나다. 사는 내내 재테크를 열심히 끝없이 하는 이유 중 하나다. 그런데 안정적인 노후 생활을 하려면 과연 돈이 얼마만큼 있어야 할까? 일본 금융청이 제시한 금액이 힌트가 될 수 있다. 만 65세 이상부터 30년 동안, 부부가 함께 더 생존하는 경우에 일본의 연금 지급액인 월 20만 엔을 제외한 6만 엔이 더 필요하다고 하니 1년 추가 소요액은 72만 엔이고, 이 금액에 30년을 곱하면 2,160만 엔이 된다. 노후 자금으로 2,000만 엔 정도가 더 필요하다는 논리가 여기서 나온 것이다. 이를 원화로 환산하면 약 2억 원인데, 그렇다면 한국에서도 노후에 이 정도 금액만 갖고 있으면 될까?

현재의 40대가 60대가 되려면 20년 남았는데, 60대부터 90대까지 30년을 생존한다고 가정하고 월 생활비를 일단 300만 원 수준으로 잡아보자. 한국은 일본식 연금이 아니므로 연금을 일부 할인해서 공적 연금으로 150만 원(40대 기준)을 받을 수 있다고 한다면, 부족한 금액은 300만 원에서 150만 원을 뺀 150만 원이다. 그러면 한 해에 1,800만 원이 필요하고 30년을 곱하면 5억 4,000만 원이 된다.

이를 표로 만들어보면 아래와 같다.

월 생활비	연금액(40대 기준)	연금 제외 소요액	30년 필요액(명목)
200만 원	150만 원	50만 원	1억 8,000만 원
300만 원	150만 원	150만 원	5억 4,000만 원
400만 원	150만 원	250만 원	9억 원
500만 원	150만 원	350만 원	12억 6,000만 원

자료: 채부심

이 표를 해석하는 방법은 간단하다. 먼저 목돈 1억 8,000만 원을 65세에 모아두었다고 가정하고, 월 200만 원으로 생활한다면 연금으로 150만 원을 보조받으니 50만 원이 더 필요하다. 반대로 월 200만 원씩을 생활비로 지출하려면 65세까지 1억 8,000만 원만 모으면 된다. 월 생활비가 300만 원인 경우라면 필요액은 5억 4,000만 원으로 급증한다. 월 400만 원일 경우에는 이보다 1.7배 이상 많은 9억 원이 필요하다. 이는 상당히 큰 금액이다. 가계금융조사에서 9억 원 넘게 보유한 가구는 상위 12%에 불과했다. 그렇다면 나머지 88%에 속하는 우리는 노후 대비가 아예 안 되어 있는 것일까?

질문을 반대로 바꿔보자. "65세까지 9억 원을 모으기 위해서는 45세인 지금 기준으로 얼마가 있어야 할까?" 현재 일정한 목돈이 있고 이를 연수익률 8%의 자산에 20년을 투자한다고 가정한다면 얼마가 있어야 할까?

이는 다음 표를 보면 된다. 현재 40대가 60대까지 1억 8,000만 원을 모으기 위해 필요한 돈은 3,862만 원에 불과하다. 9억 원을 모으기 위해서도 1억 9,309만 원이 있으면 된다. 즉, '지금 당장' 9억 원이 필요한 것이 아니라 45세까지 약 2억 원을 모았다면 65세가 될 즈음에 9억 원 정도로 불리는 데 크게 문제가 없다는 것이다. 만약 45세에 4,000만 원 정도를 모았다면, 그는 연금의 보조를 받고 어쨌든 월 200만 원 수준의 삶을 사는 게 가능하다는 의미다.

월 생활비	연금액	연금 제외 소요액	30년 필요액(명목)	연 수익률	45세 기준
200만 원	150만 원	50만 원	18,000만 원	8%	3,862만 원
300만 원	150만 원	150만 원	54,000만 원	8%	1억 1,586만 원
400만 원	150만 원	250만 원	90,000만 원	8%	1억 9,309만 원
500만 원	150만 원	350만 원	126,000만 원	8%	2억 7,033만 원

자료: 채부심

이것이 '9억 원이 있어야 은퇴가 된다.'에서, '40대는 2억 원이 있으면 노년의 경제가 문제없다.'가 되는 마법이다. 즉, 현재 얼마가 있어야 한다는 얘기에는 '시간'이 없다. 당장 있어야 할 것처럼 얘기를 하기 때문이다. 이런 담론에서는 시간이 무시된다. 재테크를 강요하는 분위기를 통해서 이익을 낼 수 있는 사람이 더 많기 때문이다. 많은 회사나 사람들이 투자 산업에 종사하고 있고, 투자는 결국 위험을 많이 알릴수록 장사가 잘될 수밖에 없다.

여기서 "연 수익률 8%라니! 이보쇼 작가 양반, 그게 가능해요?"라고 반문할 사람이 적지 않으리라 본다. 한국의 경제 성장률이 실질 1%대, 명목으로는 여전히 3%대 성장을 보이고 있는 상황에서 연율 8%는 상당히 높아 보이기 때문이다. 물론 한국에도 8% 이상의 투자 수익을 주는 자산이 없지는 않지만, '투자'는 말 그대로 원본 손실의 리스크를 열어두고 있어야 한다. 그렇다면 대체 어디서 저런 수익률을 추구할 수 있을까?

실제로 앞의 계산에서 연 수익률이 6%로 2%p만 낮아져도 소요 금액이 크게 증가한다. 그러나 역으로 수익률이 더 개선된다면 소요 금액은 훨씬 더 드라마틱하게 감소한다. 그래서 이번에는 만 65세 기준으로 필요한 금액을 각각 적고, 그 금액을 만들기 위해서 그 20년 전인 45세 기준으로 필요한 금액을 간략히 정리했다. 투자 수익률은 4%, 6%, 8%, 10%의 4개를 산정했다. 특히 가장 수익률이 높은 10%의 경우에는 필요 금액이 현저히 감소하는데, 1억 8,000만 원을 모으기 위해 현재 2,700만 원만 있어도 되는 결괏값을 얻었다.

이 정도라면 아마 누구나 조달하는 데 어려움이 없을 것이고, 나도 할 수 있다는 생각을 할 수 있을 것이다. 5억 4,000만 원을 모으는 데는 8,100만 원만 있으면 되는 수준이다. 즉, 수익률 10% 자산을 20년 넣어둘 수 있다면 현재 8,100만 원만 있어도 60대에 월 300만 원의 삶이 가능하다는 의미다.

65세를 기준으로 5억 4,000만 원을 모은다는 것은 매우 어려워

목푯값(65세 기준)	45세 기준 필요 금액(각 수익률당)			
	4%	6%	8%	10%
1억 8,000만 원	8,300만 원	5,700만 원	3,900만 원	2,700만 원
5억 4,000만 원	2억 4,700만 원	1억 6,900만 원	1억 1,600만 원	8,100만 원
9억 원	4억 1,100만 원	2억 8,100만 원	1억 9,400만 원	1억 3,400만 원
12억 6,000만 원	5억 7,600만 원	3억 9,300만 원	2억 7,100만 원	1억 8,800만 원

자료: 채부심

보이지만, 45세에 8,100만 원을 모은 후 연 10% 수익을 20년간 낸다면 가능하다는 것을 위 표를 통해 보았다. 약간의 버퍼를 감안해서 45세에 1억 원을 모으는 경우, 그 금액이 불가능해 보이는 숫자는 아닐 것이다. 어쨌든 현재 한국의 평균 세대주 연령은 40대이고, 가계금융복지조사에서 순자산 1억 원을 넘는 가구는 80%에 이르기 때문에 사실상 거의 모든 가구가 이 목표를 달성했다고 봐도 무방할 수준이다.

즉, 내 기준으로 봤을 때는 우리나라 대부분의 40대 이하 가구는 사실 재테크에 너무 매몰되지 않아도 된다. 재테크를 해야 하긴 하지만, '재테크 과잉적 삶'을 살 필요까진 없다.

이런 상황인데도 불구하고 우리는 왜 지금 당장 5억 원이 없으면 불안해할까? 그것은 노후가 생각보다 가깝다고 느끼기 때문이다. 실질 은퇴와 연금 수령까지 시기적 격차도 문제다. 실질 은퇴는 50대 중후반에 이뤄지는데, 연금은 65세가 되어야 나오기 때문에 갭 시간이 적지 않다. 이 갭 구간을 퇴직연금이 받쳐준다고 하지만, 퇴직연금은 국민연금만 못하다. 그러니 결국 비는 구간이 생기는 것이다. 근본적으로 65세까지 일할 수 없을 것 같다는 점이 노후 소득의 불안을 높이는 요소다. 그리고 당장은 돈 나갈 일이 산더미처럼 많기도 하다.

또 수익률 10%를 올릴 수 있는 자산을 찾지 못해서일 수도 있다. 세계적인 투자가 워런 버핏처럼 수십 년을 연간 20%씩 꾸준히 자산을 증가시킨다면 모를까, 투자에 전문적 지식이 없는 상태에서 연 10%를 노린다는 것이 가능한지도 알 수 없다.

무엇보다 근본적인 이유는 노후에 필요한 돈을 당장 있어야 하는 것처럼 받아들여서일 가능성이 크다. 이것이 앞서 말한 '은퇴 시 준비해야 할 자금 10억 원' 등과 같이 10억 원대 이상의 자금을 마련해야 한다는 주장의 근간이다. 그 돈이 필요한 시기는 20년 후인데, 시간을 모두 건너뛰어서 지금 당장 10억 원을 준비해야 한다고 부담을 준다면 누가 잘 준비할 수 있을까?

물론 앞의 표는 몇 가지 가정을 내포하고 있으며, 수리적으로 완전히 맞는 계산도 아니다. 왜냐하면 실제 세상에서 제품·서비스를 구입하기 위해서는 물가 상승률을 고려해야 하기 때문이다. 즉, 명목이 아니라 실질의 개념에서 생각해야 한다. 그러나 이 역시 뒤에서 살펴보겠지만, 의외로 그렇게 큰 이슈는 아닐 수 있다. 한국의 저성장 기조 속에서 물가 상승률이 1990~2000년대의 일본처럼 낮아질 가능성이 적지 않아서다.

그러니 지금은 이 정도로 논의하고 자세한 내용은 뒤에서 살펴보는 것이 적절할 것이다. 오히려 이 표가 보여주는 핵심을 이해하는 것이 중요하다. 자신의 연금부터 시작해서 퇴직연금, 또 40대라면 현재 이후의 투자 수익률과 그동안 모아놓은 목돈의 금액에 따라서 모조리 달라지지만, 사실 그렇게 큰돈이 당장 필요하지 않다는 것이 핵심이다. 지금 당장 5억 원이 있어야 한다는 것이 아니라 1억 원을 잘 모았다면 문제없이 노후 준비가 가능하다는 것을 이해하는 것이 중요하다. 어떤가, 이 정도면 노후를 준비하는 게 그다지 어렵지 않을 수도 있겠다는 생각이 들지 않는가?

여러 가정에 따라 필요한 금액이 달라지는 것은 맞지만, 이런저런 상황 속에서도 불변의 원리가 있다면 바로 만 65세와 만 45세간에는 만 20년이라는 시간이 존재한다는 것이다. 아인슈타인의 우주에서는 빛만이 유일한 고정값이라고 하고 시간도 때론 천천히 가지만, 어쨌든 우리가 살고 있는 세상에서는 여전히 20년의 시간이 남아 있다는 것을 이해하자. 이는 정말 긴 시간이다. 시간이라는 자원이 갖는 힘을 간과해선 안 된다. 이 시간이 당신의 모든 것을 바꿔놓을 것이다. 일단 여유를 갖고 커피부터 한잔하고 나머지를 읽어보자.

참고 자료

연합뉴스: www.yna.co.kr/view/AKR20190624062500073
매일경제: www.mk.co.kr/economy/view.php?sc=50000001&year=2019&no=475398
매일경제: 국민연금은 다단계 사기 www.mk.co.kr/news/society/11146916

04

3억 원만 있어도 부자인데,
30억 원이 있어도 부자가 아니라는 사람들

한국인은 재산이 어느 정도 되어야 부자라고 생각할까?

갤럽이 실시한 설문 조사 결과를 보면 몇 년 사이 엄청난 차이가 생겼다는 것을 알 수 있다. 한국인 1,000명에게 "얼마가 있어야 부자라고 생각하느냐?"라고 물은 결과, 10억 원이라고 답한 비중이 2019년에는 30%였는데 2025년에는 23%로 줄어들었고, 30억 원이라고 답한 비중은 2019년에 9%였는데 2025년에는 14%로 5%p 증가한 것이다. 또 평균 금액에서는 2019년 24억 원이었는데 2025년에는 33억 원으로 9억 원이나 증가했다.

통상 부자에 대한 정의가 다르겠지만, 다음 표를 통해 저 정도 금액을 갖고 있는 가구가 어느 정도 되는지를 보면 부자의 기준을 알 수 있다.

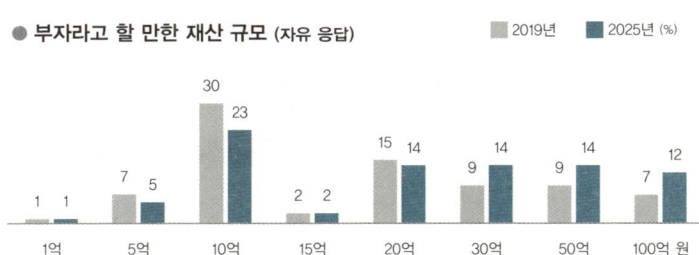

- 2025년 기준 1.0% 이상 응답된 금액 기준 제시. 전국 성인 약 1,000명 전화 조사(CATI)
- 5% 절사평균(trimmed mean): 2014년 25억 원, 2019년 24억 원, 2025년 33억 원

자료: 한국갤럽 데일리 오피니언 제613호 www.gallup.co.kr

매년 발표되는 가계금융복지조사는 한국 가계의 자산과 부채, 순자산(자본)을 구간별로 나눠서 보여준다. 2024년 결괏값은 아래 표와 같다.

● 순자산 보유액 구간별 가구 분포 (단위: %, %p)

	순자산 (억 원)	-1 미만	-1~0 미만	0~1 미만	1~2 미만	2~3 미만	3~4 미만	4~5 미만	5~6 미만	6~7 미만	7~8 미만	8~9 미만	9~10 미만	10 이상	중앙값 (만 원)	평균/ 중앙값
가구 분포	2023년	0.2	2.7	26.7	15.5	12.4	8.8	6.5	5.0	3.8	3.2	2.6	2.4	10.3	23,910	1,821
	2024년	0.2	2.8	26.2	15.5	12.2	9.1	6.6	4.9	3.6	3.1	2.7	2.3	10.9	24,000	1,871
	전년차(비)	0.0	0.1	-0.5	0.0	-0.2	0.2	0.1	-0.1	-0.2	-0.1	0.1	-0.2	0.6	0.4	0.050

자료: 통계청

표를 살펴보면 한국의 총 가구 중 56.9%가 3억 원 미만의 순자산을 보유하고 있다. 10억 원 이상 가구는 전체의 10.9%다. 전체 2,200여만 가구 중 11%인 240여만 가구가 10억 원 이상이고, 57%인 1,250여만 가구는 3억 원 미만, 나머지 32%가 3억~10억 원 이내다.

이 수치는 내가 가계금융복지조사를 살펴본 이래 지난 십수 년 내내 크게 달라진 적이 없다. 물론 가계 전체의 자산 성장이 있기에 전체적으로 고액 자산 가구의 수나 비중이 증가해 온 것이 한국의 역사이다. 그런데 여기서 상위 10%에 해당하는 가구는 순자산 10억 원 이상인데, 막상 이들에게 "부자라고 생각하느냐?"고 물어보면 그렇지 않다고, 자신은 중산층이라고 답하는 경우가 적지 않았다. 내가 아는 10억 원 이상 자산가들 역시 본인을 부자라고 생각하냐고 물어보면 아니라고 답하는 경우가 더 많아서 새삼 놀라곤 한다. 그래서 이 표를 보여주면 잘 믿지 않는다. 그러면 대체 한국에서는 얼마가 있어야 부자란 말인가?

KB, 신한 등의 금융권에서는 연 단위로 〈부자보고서〉를 발행한다. 금융기관마다 지표가 다르긴 하겠지만, KB는 금융 자산 10억 원, 부동산 자산 10억 원으로 합산 순자산 20억 원 이상을 부자로 보고 있다. 직관적으로 순자산 30억 원 이상이면 가계금융조사에서 상위 1%가 되는데, 상위 10% 아닌 1%라면 부자라고 느껴도 될 것이다. 앞서 살펴본 갤럽의 조사에서는 평균 33억 원이 나왔는데, 이 수치가 상위 1%에 근접한 수치이므로 '부자'의 기준은 상위 1%라는 개념에 닿아 있다.

상위 1%는 매우 적은 숫자다. 가구 수 기준으로는 총 2,300만 가구라고 할 때 23만 가구가 여기에 해당한다. 그러나 상위 1%인 그들에게만 또 설문 조사를 하면 부자의 기준 금액이 50억 원부터 200억 원까지 다양하게 나타난다. 이들은 평균 '100억 원' 정도가 있어야 부자라고 생각한다.

앞서의 조사에서 20억 원 이상의 순자산을 보유한 사람들에게 "부자인 것 같냐?"라고 물어봤을 때, 60%는 부자가 아니라고 대답하며 40%만 부자라고 생각한다고 대답하는 경향이 있었다는 것이 이를 방증한다. 즉, 지표상 부자임에도 스스로는 부자가 아니라고 생각하는 사람이 적지 않다. 세상 사람들 99%가 부자라고 하는데도 1%인 자신은 부자가 아니라는 것이다.

20억 원 가진 사람이 부자가 아니라면 대체 얼마를 가져야 부자일까? 상위 0.1%여야 할까? 상위 0.1%는 80억 원 정도의 순자산을 보유하고 있는데, 그렇다면 이들은 스스로를 부자라고 생각할까? 여기까지 가면 나도 잘 모르겠다.

가계금융복지조사상 20억 원의 순자산은 사실 매우 큰 금액이다. 그리고 앞서의 방식대로 현재 20억 원을 보유하고 있다면, 20년 후를 생각해 보면 수익률에 따라 달라지지만 4%로만 복리 성장을 해도 43억 8,000만 원에 이른다. 연율 8%로 성장한다면 93억 2,000만 원이 된다. 즉, 그들이 생각하는 100억 부자에 근접한, 말 그대로 어마어마한 규모이다.

현재(45세)	65세까지의 연간 수익률 유지 시 달성액			
	4%	6%	8%	10%
1억 원	2억 2,000만 원	3억 2,100만 원	4억 6,700만 원	6억 7,300만 원
2억 원	4억 3,900만 원	6억 4,200만 원	9억 3,300만 원	13억 4,600만 원
20억 원	43억 8,300만 원	64억 1,500만 원	93억 2,200만 원	134억 5,500만 원

자료: 채부심

사실 이 사람들은 이미 부자의 기준을 달성하고도 남는 수준이다. 설령 20억 원이 아니라 앞의 표에서 순자산 3억 원 미만이

57%에 이르므로, 당장 이 3억 원이라는 기준만 달성하더라도 이미 평균을 상회하는 순자산을 보유하고 있는 셈이다. 즉, 평균 이상이라는 의미다. 물론 가계금융복지조사상의 순자산 평균액은 4억 4,894만 원(2024년 기준)이다. 그러나 한국 같은 상대적 비교가 심각한 사회에서 상위 43%에 해당한다는 것은 적지 않은 위안을 줄 것이다. 사실 40대에 이걸 달성했다면 놀라운 성과라 할 만하다. 그런데 이 정도의 금액도 20년간 8%로 성장 시 65세 기준 20억 9,000만 원이 되며, 10% 성장 시 30억 2,000만 원에 이른다.

솔직히 이 정도 자산을 보유한다면 노후에 주거비를 포함해서 생활비 걱정을 할 필요 자체가 없을 것이다. 그런데 왜 노후의 삶에 대해서 과잉으로 걱정을 하는가? 이 정도의 자산을 모은 것을 자랑스러워하지 않고?

우리 속담에 "사돈이 땅을 사면 배가 아프다."라는 말이 있고, 독일어에는 샤덴 프로이데schadenfreude라고, 남의 불행이나 고통을 보면서 느끼는 기쁨을 의미하는 단어가 있다. 인간은 사회적 동물이라 다른 사람과의 비교는 인간 본성에 기반하기에 이를 버리기 어렵다. 그러나 어떤 기준이랄 게 없이 막연히 비교를 하면서 내가 고통을 느껴야 한다면, 그것은 손익비가 좋지 못한 섀도복싱(이에 대해서는 7장 참조)이 된다.

내가 가야 할 길이 어딘지 명확히 깨닫는 것은 고통을 줄이는 가장 큰 방법인 동시에 막연히 '그럴 거야'라는 생각으로부터 결연하고, 수치에 기반해서 움직일 힘을 만들게 한다. 30억 부자가 꿈이라 하더라도 지금 당장 30억이 필요한 것이 아니기 때문이다. 이는 자녀들에게도 마찬가지인데, 자녀의 경우 통상 부모보다 30년의 시간을 더 가지고 있다. 따라서 우리의 2,000만 원과 자녀의 2,000만 원은 그 가치가 아예 다르다. 그러므로 '시간'이 갖고 있는 힘을 이용해야 한다. 결국 우리에게 남아 있는 원천의 자원이 시간이기 때문이다.

지금까지의 여러 논의는 결국 시간을 무시한 논의가 얼마나 우리 옆에 많은지를 따졌다. 가령 80대의 20억 원은 40대에게는 3억 원도 안 되는 돈일 수 있다. 그런데 우리는 이 모든 것을 무시하고 순자산 10억 원이 있어야 상위 10%이고, 순자산 30억 원이 있어야 상위 1%라며 '당장' 이 값들이 있어야 한다고 주장한다.

따라서 이러한 부자 담론에서 사라진 것은 '시간'이며, 이 시간에 대한 개념만 잘 정립한다면 노후 준비든 은퇴 이후의 삶이든 그렇게 걱정할 것이 없다. 오히려 나는 60대에 10억 원을 모은 사람보다, 30대에 1억 원을 모은 사람이 더 부자라고 생각한다. 이는 그가 실제로 시간을 많이 가졌기 때문이기도 하고, 같은 시간을 더 효과적으로 활용한다면 미래가 어떻게 될지는 아무로 모르기 때문이다.

참고 자료

통계청 가계금융복지조사(2024년): kostat.go.kr/board.es?mid=a10105030505&bid=11440&act=view&list_no=431947&tag=&nPage=1&ref_bid=

한경뉴스: www.hankyung.com/article/2025022854797

05

저성장 국가의 국민은
투자 관점을 달리해야 한다

    노구치 유키오 교수의 책 『일본이 선진국에서 탈락하는 날』을 보면, 일본 엔화의 구매력이 아베 신조 총리의 재임 기간(2012~2020년) 동안 얼마나 하락했는지를 다룬다. 일본의 엔달러 환율은 아베노믹스 이전 달러당 80엔에서 현재 150엔에 이르고 있다. 사실상 반토막이 난 것이다. 아베노믹스 이전의 엔화는 달러보다 더 높을 정도로 경쟁력 있는 화폐였는데, 아베의 정책으로 엔화 가치가 반토막 나면서 일본인들이 엔화로만 자산을 보유하고 있었다면 사실상 자산이 녹고 있었다는 셈이 된다.

    노구치 유키오 교수는 1940년생으로, 일본이 'Japan as No.1'이라고 평가받던 전설의 1960~80년대를 지나 플라자 합의(1985년 9월 22일 미국 뉴욕에 있는 플라자 호텔에서 열린 G5 경제 선진국—프랑스, 서독, 일본,

미국, 영국—의 재무장관, 중앙은행 총재들의 모임에서 발표된 환율에 관한 합의)를 거치고, 일본 버블 경제가 붕괴하면서 30년의 저성장과 지금의 선진국 탈락을 논하는 시대를 모두 겪은 인물이니만큼, 그의 책은 지금 당장 잘나가는 것처럼 보여도 미래에 얼마나 국가 경제가 후퇴할 수 있는지를 알려준다는 점에서 상당한 시사점이 있다. 특히 버블 정점 이후에 일본에서 펼쳐지는 상황을 보다 보면, 지금 한국에서 앞으로 미래에 대비해야 하는 것들이 무엇인지 알 수 있다.

당장 아베노믹스부터 살펴보자. 아베노믹스는 왜 시작되었고 무엇을 목표로 했을까? 2011년 동일본 대지진 이후 일본 사회에는 나라가 망할 수도 있다는 위기감이 팽배했다. 그러한 위기감 속에 아베 총리는 무엇이든 할 수 있는 당위성을 확보하였고, 그렇게 2012년부터 시작된 아베노믹스 시기에 '양적 완화'를 본격적으로 시행하게 된다.

양적 완화는 미국 연방준비제도(연준)가 2008년에 글로벌 금융위기(서브프라임 모기지 사태)를 막는 과정에서 부실 모기지 채권을 사들이면서 처음 등장한 정책인데, 이후 2010년과 2012년에 2차와 3차 양적 완화를 진행하면서 장기 채권의 금리를 낮춤에 따라 시장 금리도 낮아지자 기업들이 투자를 활성화하고, 이것이 고용으로 이어지고, 낮은 실업률은 가계 소득의 증가로 이어져 이후 물가 상승과 성장률이 제고될 것을 기대하면서 시행한 조치였다. 즉, 낮은 금리가 투자와 일자리를 높인다는 거시 경제적 관점에서 시작한 것이었다.

훗날 이 같은 인위적 저금리 정책이 경제 성장보다는 자산 시장의 버블만 만들었다는 비판을 받았지만 당시에는 상당히 근거 있는 과학적 접근으로 알려졌다. 일본도 벤 버냉키Ben Bernanke가 미 연준 의장이던 시대(2006년 2월~2014년 1월)에 연준의 영향을 받았고, 전 일본이 양적 완화 정책을 추진한 것을 '아베노믹스'라고 한다.

물론 아베노믹스가 이것만을 의미하는 것은 아니다. 대규모 재정 투자도 했고 성장 전략도 있었다. 그때는 일본이 제로 성장 시대를 살고, 잃어버린 30년 얘기가 나오던 시기였기에 아베노믹스에 대한 당위성도 존재했다.

그러나 결론은 2020년대 들어서 아베노믹스 10년 만에 일본의 물가에는 인플레이션이 티 나게 발생하지도 않았고, 엔화 가치만 대폭락을 하여 반토막 났을 뿐이었다. 수입 물가가 비싸지는 것은 당연했기 때문에 생필품 가격이 올라 생활이 힘들어지는 것이 문제였다. 그렇게 일본인들은 생활비 인상에 고통스러워했다. 특히 연금 생활자들이 더욱 그랬는데, 자국 화폐 가치의 하락은 연금소득 등으로 생활하는 사람에게는 치명적이다.

이는 미국의 연방준비제도 12대 의장을 지낸 폴 볼커Paul Volcker의 자서전에도 나오는데 "대체 무슨 정책이 자국의 화폐 가치를 연 2% 정도 하락시키는 정책을 써야 할 명분을 주는가?"라는 질문이 그 책의 핵심 내용 중 하나다. 즉, 왜 자국의 화폐 가치를 올리는 것이 아니라 연 2%씩 내리는 것을 '안정적'이라고 하냐는 것이다. 주류 경제학에서는 다양한 견해를 제시하지만, 직관적으로 이 질문은 세상을 통찰한 구루의 질문 중 하나다.

결국 화폐 가치는 급격히 하락한 반면 생활 물가는 상승함에 따른 불만이 쌓이고 쌓여서 아베노믹스 정책에 대한 반대 여론이 2024년 치러진 일본의 중의원 선거를 덮쳤다는 분석도 있다. 아베 총리는 선거 전인 2022년에 유세 중 총격으로 사망했는데, 조사 결과 범행 동기는 경제 정책과는 관련이 없는 이슈였다고 한다. 그러나 아베노믹스 정책에 대한 불만은 결국 선거로 증명되었다고 할 것이다.

일본의 이런 변화가 우리에게 주는 시사점은 적지 않다. 1990년대 일본이 피크아웃 하고 이후 시장 붕괴와 역성장 기조로 전환하고 장기간 저성장 기조가 고착화할 시점에, 일본 내에서는 기업이 일본에 잔류해야 한다와 일본을 떠나야 한다는 파로 나뉘었다는 것이 서울대 김현철 교수의 설명이다. 그런데 결국 일본을 떠난 기업들이 훗날 더 크게 성공하여 일본에 재진입할 수 있었고, 일본을 늦게 떠난 기업들은 더 약해진 엔화 속에서 일본을 떠나는 비용을 더 크게 들일 수밖에 없었다고 한다. 사실 엔화가 내내 약세였던 것은 아니지만, 추세적으로 본다면 한 국가의 경제력과 미래 현금 흐름을 환율이라고 할 때, 엔화 약세 추세가 지속적인 상황에서는 일본을 떠나 있는 것이 올바른 해법이라 할 수 있다.

한국은 어떠할까? 주식 시장에 동학개미 운동이 펼쳐지던 시점부터 한국인의 해외 주식 투자가 증가하기 시작했는데, 2024년 상반기를 기점으로 1,000억 달러 이상의 순자산이 해외 투자에 사용되었다. 매월 약 20억~30억 달러의 금액이 헤지hedge(환율, 금리 또는 다른 자산에 대한 투자 등을 통해 보유하고 있는 위험 자산의 가격 변동을 제거하는 것) 없이 해외로 나가는 상황이고, 2020년 1,100원대의 환율은 2024년 12월 기준 1,400원대 환율을 유지하고 있다.

CFDContract for Difference(실제 투자 상품을 보유하지 않고 기초 자산의 가격 변동에 의한 차익을 목적으로 매매하여 진입 가격과 청산 가격의 차액을 결제하는 장외 파생상품 거래) 계좌를 통해 파생상품으로 들고 있는 규모는 잡히지 않으니, 큰손 개미들의 거래를 포함하면 언급한 금액보다 더 클 것이라는 게 내 추측이다.

물론 환율에 있어서 우리나라가 아베노믹스 같은 인위적 양적 완화 정책을 쓰는 것은 아니지만, 한국의 미래 현금 흐름이 현재의 산업적 특성과 인구 통계적 상태를 볼 때 과거보다 좋다고 장담하기 어렵다. 따라서 환율 약세는 추세적인 것이라는 분석이 적지 않다.

이런 국면에서 원화 표시 자산만을 유지하는 것은 매우 불행한 결과로 이어질 수 있다. 다른 나라 화폐, 특히 기축 통화인 달러 대비로는 원화가 위험 자산일 수 있어서다. 여기서의 위험은 자산의 성격이 아니라 '어느 화폐 기준'인지에 있다. 과거에는 자산 배분이 '원화'냐 '외화'냐의 기준이 아니라 주식과 부동산, 연금 등에 있었다. 즉, 국내 자산으로만 배분하는 게 일반적이었다. 주식과 채권에서도 자산 배분 전략이 있고, 가장 정통한 자산 배분 전략은 6:4 전략(주식 6:채권 4)이었는데, 이때도 국내 원화를 기준으로 했다.

그러나 지금은 이를 넘어서 외화 자산(달러를 비롯한 외화를 기반으로 투자하는 자산. 따라서 '달러 자산'이라 통용하기도 한다.)과 원화 자산으로의 배분 전략이 필요한 시점이다. 왜냐하면 원화의 가치가 매년 가파르게 녹고 있어서다. 2024년 기준이 모두에 적용될 순 없지만, 지난 한 해만 12%의 통화 가치 하락이 존재했다. 환율이 오른 것이다. 그리고 2020년대와 비교하면 1,100원대에서 1,400원대를 유지하고 있음을 볼 때, 4년간 약 30% 수준의 환율 변화가 존재한다는 것은 엄청난 통화 가치 하락을 의미한다.

물론 단기적으로는 너무 급한 속도로 원화 가치가 하락하면서 환율이 급등했기에, 수개월 내로는 얼마든지 되돌림 현상이 나타날 수 있을 것이다. 그러나 10년 이상을 내다보는 자산 배분 전략과, 50~60대의 은퇴 전략, 또 20~30대의 자산 형성 전략에서 한국 자산이 아니라 해외 자산, 특히 달러 자산을 보유해야 한다는 것은 이제 너무나 명확한 사실이 되어가고 있다.

외화 자산에 장기 투자를
당장 시작해야 하는 이유

2025년의 한국은 2024년과도 너무나 달라졌다. 가장 크게는 성장률이 큰 폭으로 내려갔다. 2025년 한국은행의 경제 성장률 전망치는 실질 1.5%로 종전 추정치인 1.9% 대비 0.4%p 낮춘 것이며, 물가 상승률 1.9%를 더하면 명목 3.4%로 전년의 명목 5.8% 대비 2.4%p 내려앉은 것이다.

그리고 이에 대해서 이창용 한국은행 총재는 "1%의 성장률이 한국의 현 실력"이라고 발언함으로써 한국이 저성장에 진입한 것이 우연이 아니라 펀더멘털fundamental(한 나라의 경제 상태를 나타내는 데 가장 기초적인 자료가 되는 주요한 거시 경제 지표. 성장률, 물가 상승률, 실업률, 경상 수지 따위가 있다)한 것임을 다시 한번 짚었다.

소위 한국도 일본처럼 '1% 성장 시대 진입'을 화두로 삼은 뉴스가 2024년 말부터 나왔으나 2025년 초에는 완연하게 시장을 강타하는 분위기다. 이때의 1%는 어떤 의미일까?

아마도 경제에서 일반인에게 가장 와전되어 전달되는 수치가 있다면 '명목'과 '실질'의 차이일 것이다. 그리고 시장에서 가장 직관적으로 받아들일 수 있는 수치는 바로 '명목' 수치이다. 그런데 우리는 실질 지표를 가지고 얘기를 한다.

주택 가격을 예로 들어보면, 매수 시점에 5억 원인 주택이 매도 시점에 10억 원이 된 경우에 우리는 100% 상승했다고 한다. 이것이 '명목' 개념이다. 명목은 그 중간에 있었던 인플레이션율 등을 고려하지 않는다. 그러나 직관적으로 산 가격보다 더 높은지 낮은지에 대한 비교가 명확하다.

실질의 경우에는 계산식이 달라진다. 5억 원에 매수했고 10억 원에 매도한 것은 맞는데, 이 중 물가 상승분으로 2억 5,000만 원이 올랐다면 나머지 2억 5,000만 원에 대해서만 상승한 것으로 본다. 이때 실질 상승률은 50%(2.5억÷5.0억)가 된다. 즉, 실질은 개념상으로는 정확할지 몰라도, 개인들에게는 그 계산이 직관적이지 못하고 어렵다.

경제도 마찬가지다. 작년 2,200조 원에서 올해 88조 원이 더 성장해서 2,288조 원이 되었다면 명목의 계산은 간단하다. 4% 성장한 것이다. 88조 원÷2,200조 원=4%다. 그런데 실질은 어떨까? 실질은 여기서 물가 상승률로 2%가 있었다면 그게 44조 원이고, 그래서 나머지 44조 원에 대한 상승률만을 의미한다. 즉, 실질 성장률은 2%가 된다.

만약 물가가 3%이고 실질이 1%여도 명목은 4% 성장이 된다. 혹은 물가 4%, 실질 0% 성장을 하는 경우에는 제로 성장률이 나온다. 그런데 정말 경제가 제로 성장을 한 것일까? 명목으로는 어쨌든 4%가 성장한 것이다. 따라서 경제를 실질 성장률로만 봤을 때는 오해의 소지가 생길 수 있다.

앞서 한국은행이 발표한 2025년 성장률 1.5%는 실질 성장률이다. 그러면 명목 성장률은 몇 퍼센트일까? 명목 성장률은 실질 성장률+물가 상승률인데, 2025년 물가 상승률 기대치가 1.9%, 실질 성장률 기대치가 1.9%이며 명목 성장률은 3.4%다. 즉, 한국은 어쨌든 2025년에도 3%대 수준의 성장률을 보이는 나라라는 의미가 된다.

반대로, 늘 1%대 성장 국가라는 일본은 어떤 상태일까? 2023~24년에는 변화가 좀 컸지만 2025년에도 일본의 물가는 2.0%, 성장률은 추정 기관마다 다르지만 0.9~1.1% 수준을 전망한다. 즉, 일본 역시 명목 성장으로 3%의 성장을 한다는 의미다. 우리가 저성장 국가라고 부르는 일본도 명목으로는 3%대 성장을 하고 있는 것이 요즘이다. 그런 의미에서 한국의 명목 3%대 초반 성장이 얼마나 낮은 성장에 진입한 것인지 체감할 수 있을 것이다.

한편 미국은 어떨까? 미국은 2023년에 명목으로는 6.3% 성장했고, 성장률이 실질 2.5%이므로 물가는 3.8% 성장했다. 이는 명목 6% 성장 국가라는 의미다. 물론 단기간에 물가가 너무 크게 올랐고, 장기적으로 물가 2%, 실질 성장 2%, 즉 합산 명목 4% 성장 국가라고 보는 것이 일반적이다.

물론 신임 재무장관인 스콧 베센트Scott Bessent가 3-3-3 정책을 펼칠 것으로 기대되는데, 재정 적자 규모를 연 GDP의 3%, 또 실질 3% 성장(명목 아님), 마지막으로 원유 300만 배럴 증산을 한다는 계획이다. 이는 2% 물가율과 3% 실질 성장률, 즉 명목 4% 국가가 아니라 명목 5% 국가를 만들겠다는 것으로 명목 5%대 성장 국가의 모델을 지향한다는 의미다.

세계 최대 규모 경제에서 명목 성장률 목표나 그 달성 가능성이 한국보다 높다는 점을 잘 생각해야 할 시점이다.

이처럼 명목과 실질의 개념을 이해한다면 '성장률과 물가'를 왜 항상 같이 보는지를 보다 더 잘 이해할 수 있다. 종종 성장률이 1%대라고 할 때, 물가가 4%인데도 1% 성장했다면 그것은 명목으론 5%나 성장한 것이다. 그런데 물가 1%이고 성장도 1%라면 명목 2%이기 때문에 이때는 성장률이 낮은 것과 같다.

따라서 인플레이션까지 감안해서 '실질'을 얘기하는 것이 경제학적으로는 더 합리적인 게 맞지만, 실제 그 나라가 성장을 하는지, 어느 정도로 성장하는지를 바라보기 위해서는 명목 성장률을 볼 필요가 있다. 그리고 그런 의미에서 한국의 명목 성장률이 3%대로 내려갔다는 것은 시사하는 바가 크다.

동시에 이러한 상황에서 한국에 자산을 두고 있는 것이 과연 적합할지를 생각해야 한다. 자산이 경제 성장률과 동행한다면, 한국의 자산은 명목 3%대 성장하는 자산이 되고 미국의 자산은 명목 5%대 성장하는 자산이 된다. 주식 시장은 위험 자산이라 프리미엄이 존재하여 3%p정도 더 생긴다고 본다면, 한국은 6%가, 미국은 8%가 명목 성장률 개념이 된다. 앞서 이러한 1%p의 수치 차이가 20년 누적되면 얼마나 큰 차이를 가져오는지는 살펴보았다.

직접 외국에 나가 일을 해서 외화를 벌어 올 수도 있지만, 돈만을 외국으로 보내서 외국의 성장을 향유하는 시스템이 이미 시장에 존재한다. 주식이든 부동산이든 가상 자산이든 무엇이든, 한국의 성장이 아니라 외국의 성장에 자본만 보내서 과일을 따 먹듯 향유하면 될 일이다. 명목 성장률이 낮아진 2025년부터는 이를 무조건 시행해야 한다. 한 해 한 해 늦어질수록 외국으로 보낼 수 있는 돈의 양이 줄어들거나, 더 많이 필요해질 것이기 때문이다.

앞에서 살펴본 바와 같이, 1990년대 일본이 장기 저성장에 진입했을 때 일본의 많은 기업이 고민을 했다고 알려진다. 일본을 떠날 것인가, 일본에 남을 것인가. 그렇게 10년이 지난 후 일본에 남은 기업들은 더 많은 돈을 들고 나가야 하는 부담으로 다가왔고, 먼저 나간 기업들은 그래도 우호적 조건 속에서 외화를 확보해서 해외를 통해 성장을 할 수 있다는 것이 서울대학교 국제대학원 김현철 교수의 강연 내용 중 하나다.

기업을 개인으로 바꿔보자. 개인 역시 하루라도 빨리 나가는 것이 더 많은 외화를 벌어들일 수 있다는 의미가 된다. 지금 당장 외화 투자를 시작해야 할 시점이다.

참고 자료

한겨레: www.hani.co.kr/arti/economy/economy_general/1169674.html

NYT: www.nytimes.com/2024/12/13/business/trump-bessent-economic-strategy.html

Chapter 2

달러 자산을 사라

01

'돈'으로 '자산'을 산다는 것

현대 자본주의의 기본 개념을 정립한 사람은 『국부론』을 쓴 영국의 애덤 스미스Adam Smith이다. 그는 『국부론』에서 특정 국가의 부는 금 등이 많은 것이 아니라 '생산'이 많은 것에서 온다고 규정한 바 있다. 당시 이러한 주장은 신선함을 넘어 충격적이었는데, 그 이전에는 국가의 부가 '금'을 얼마나 보유하고 있는지 등 외적인 부분을 중시하는 경향이 있었기 때문이다.

애덤 스미스는 생산이란 결국 생산 요소인 노동·토지·자본을 투입하여 인간이 개입해서 만든 결과물이며, 자연스럽게 노동 인구가 많고, 자본 투자가 많고, 토지 활용이 풍부한 국가들이 국부를 만든다고 하였다. 이러한 논의와 함께 '생산성'의 개념도 등장하기 시작하였고, 그 유명한 분업의 생산성이 경제학을 대표하는 큰 개념 중 하나로 자리 잡는다. 바야흐로 금에서부터 벗어나 생산 요소와 생산성이 높으면 국부가 많은 시대로 진입한다는 것이 '국부론'의 시작이었다.

화폐설도 이 시기에 발전했다. 경제 활동을 통해서 만들어진 생산물(구두, 쌀, 공예품 등)은 시장에서 교환이 되는데, 이때 교환의 매개체로 화폐가 활용되었기 때문이다. 근대의 화폐 이론을 법정 화폐fiat money 체제라고 하는데, 약 400년 전부터 시작되었다고 거론된다. 그러나 이때도 화폐는 금을 기반으로 하고 있었다. 즉, 화폐를 무제한 발행하는 것이 아니라 국가가 대상이 보유한 금에 비례해서 발행해 온 것이다. 그것이 현대의 '법정 신용 화폐'가 된 것은 1971년부터였다.

여기서 '법정'이라는 의미는 국가가 법으로 지정한 화폐가 공식 해당 국가의 화폐라는 것이다. 이를 벗어난 모든 화폐는 결국 불법 화폐가 된다. 이 시기에 위조지폐에 대한 논란이 불거졌고 위조 방지 기술이 대거 발전하였다. 즉, 과거에는 금에 기반하고 있으니 발행 총량이 제한적이었는데, 신용 기반이 되면서 화폐를 무제한으로 발행할 수 있는 시대가 되자 가품, 진품 여부가 중요해진 것이다.

한편 '신용 화폐'라는 것은 그 화폐의 담보를 과거에는 금 등이 해주었으나, 지금은 국가의 '신용'을 담보로 하고 있다는 것을 말한다. 즉, 유형의 담보는 사라졌고, 무형의 담보인 신용을 통해서 화폐를 발행하는 것이다. 이때 국가가 장기간 지속하리라는 신용은 결국은 강력한 국방력과 경제력과 인구 등을 보유한 것을 의미했다. 또한 국가의 신용은 결국 해당 국가가 만들어낼 미래의 현금흐름(즉, 세수입)이 짱짱할수록 신용이 높게 평가될 수밖에 없었다.

자연스럽게 국가별로도 신용을 의미하는 국가 신용도 개념이 등장하였는데, 복잡하게 생각할 것 없이 자본주의의 기본 개념에 따라서 국부가 큰 나라의 신용이 높다. 국부는 노동과 자본이 많거나 크고, 지속 가능성이 높은 국가를 의미하는 것이다. 동시에 생산성이 높은 나라일수록 신용도가 높다. 즉, 애덤 스미스는 여전히 존재하는 것이다. 반대로 노동과 자본이 적고, 지속 가능성이 낮다고 생각한다면 신용도가 낮아질 수밖에 없다.

중요한 것은 왜 '법정 화폐'에서 중간에 '신용'이 추가돼 '법정 신용 화폐'로 이름이 바뀌었느냐인데, 이는 역사적으로 법정 화폐로 금본위제를 유지하던 미국이 금을 대량으로 필요로 하던 시기, 즉 돈의 쓰임이 폭증하던 시기와 맞물린다. 법정 신용 화폐 시작 연도를 1971년으로 보는 이유는 1970년 초부터 미국이 베트남 전쟁을 치르면서 전쟁에 필요한 돈이 많아진 반면, 그만큼의 금을 충분히 확보하지 못했기 때문이다.

그래서 제2차 세계 대전을 거치면서 세계 질서로 자리 잡았던 금과 달러가 연동되고, 그 달러와 다른 나라 간 고정 환율로 이어져 오던 화폐 시스템이 1970년대에 대규모로 변경되었고, 그것이 오늘날에 이르고 있다. 그런 맥락에서 보자면, 현대의 법정 신용 화폐는 역사가 채 100년도 되지 않은 시스템이다.

금본위제 화폐 시절, 즉 법정 화폐 시절과 신용 화폐 시절에는 커다란 차이가 존재한다. 무엇이냐? 그것은 자산이 거래될 때 화폐로 거래가 되는데, 종전에는 자산의 수요공급에 따라서만 가격이 변해 왔다고 할 수 있지만, 신용 화폐가 되고 나서는 화폐의 공급량 등에 따라서 화폐 가치가 내려가거나 올라가면서 자산 가격이 영향을 받는 경우가 나타나기 시작한 것이다.

그래서 자산 가격이라는 것이 종전에는 일차원적으로 움직였지만, 신용 화폐가 되면서는 이차원적으로 움직이기 시작했다. 다음의 그림을 보자.

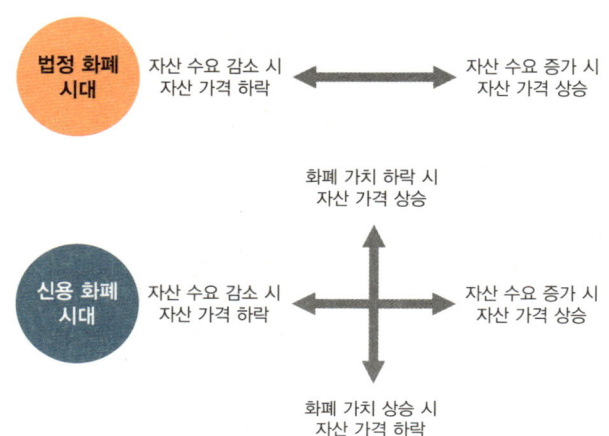

자료: 채부심

 현실을 매우 단순화해 설명하기 위해 시장에 100개의 상품이 존재하고, 화폐도 100이 존재한다고 가정해 보겠다. 만약 상품이 1년에 10개가 추가되어 110개가 되었다면 가격은 9.1이 되는 것이 정상적이다(100÷110=9.1). 이것이 화폐 공급은 고정일 때 상품이 추가 공급되면 가격이 하락하는 개념이다.

 그런데 신용 화폐 시대가 되면서 상품이 10만큼 증가했는데 화폐는 반대로 21만큼 증가했다고 해보자. 그렇다면 물건은 110개, 화폐는 121개가 된다. 이때 가격은 121÷110=11이 되는데, 상품이 증가했음에도 불구하고 화폐가 더 빠른 속도로 증가하여 상품 가격이 10에서 11로 10% 상승하게 된다.

이 간단한 도식은 우리가 '자산'을 구입할 때 무엇을 사야 하는지도 매우 간단하게 설명해 주는데, 바로 '화폐 증가량'이 '상품 증가량'보다 빠르다면 그 상품은 가격이 오를 가능성이 높음을 의미한다. 이처럼 '신용 화폐'의 시대에서 신용이 추가로 만들어지는 것을 '신용 창조'라고 한다.

통상적으로는 소비자가 은행에서 주택 담보 대출 등을 일으킬 때 신용이 창조되었다고 표현하는데, 이것은 화폐가 추가 발행된 것과 동일하며, 자연스럽게 상품 가격을 높이는 요소로 작동한다. 2023년 정부가 특례보금자리론 40조 원을 뿌렸는데, 이를 '대출'의 형태로 소비자들이 사용했고, 그 과정에서 40조 원의 신용이 창조되었다. 이런 방식으로 대출이 증가하는 경우에 신용은 창조된다.

부동산도 아주 단순화해서 본다면, 아파트의 생산은 연간 2%인데 신용(대출) 창조는 연간 4%라면 아파트 가격은 2%p만큼 상승할 가능성이 높다. 반대로 아파트는 연간 3% 증가하는데 신용(대출)은 연간 1%만큼만 증가한다면 아파트 가격이 2% 정도 하락할 가능성이 있다. 이는 지극히 단순한 사례이지만, 중요한 시사점은 '자산'의 수요-공급 밸런스만 봐야 하는 것이 아니라, '화폐'의 수요 공급

밸런스도 같이 봐야 한다는 것이다.

이 글을 작성하는 2025년 기준 금값이 온스당 3,200달러를 넘겼는데, 금은 보편적으로 연간 2% 정도만 증가해 온 특성이 있어서 공급이 대단히 비탄력적이지만, 화폐는 이보다 더 빠른 속도로 증가해 왔으므로 금값은 거의 항상 우상향할 수밖에 없다. 반대로 다이아몬드의 경우에는 금이 증가하는 것과 달리 랩lab 다이아몬드라고 불리는 신종 다이아몬드가 지속적으로 만들어질 수 있는 구조라서, 화폐의 증가보다 더 빠르게 생산될 수도 있다. 따라서 다이아몬드는 가격이 지속 상승하기가 어려운 구조다.

1970년대를 지나면서 전 세계 각국은 모두 법정 신용 화폐 체제가 되었고, 이로부터 50여 년, 즉 반세기가 넘게 지난 지금, 과거와 달라진 것은 화폐 가치가 하락하는 속도가 너무 가파르고(즉 신용 창조의 속도가 너무 빠르고), 이를 눈치챈 소비자들은 돈을 예금하는 것이 아니라 돈보다 증가 속도가 더 낮은 귀중한 무언가를 찾아 헤매기 시작하였다. 소위 '자산'을 모으기 시작했다. 이것이 1970년대 이전의 부자 이론과 지금의 부자 이론이 달라야 하는 근본적인 차이다.

만약 대상 자산이 증가하는 속도가 신용보다 낮다면 그 자산 가격은 상승할 것인데, 많은 국가에서 도심 부동산의 급격한 랠리가 일어난 것도 이 때문이었다. 부동산, 즉 도심의 토지는 증가할 수가 없었기 때문이다. 결국 부동산에도 다양한 부동산 시장의 미시적 요인들(입지 가치, 상품 가치 등)이 존재하지만, 신용이 증가하는 속도가 가팔라진 것도 큰 이유였다.

한국 역시 부동산이 아무리 증가한다고 하더라도 신용이 증가하는 속도를 따라갈 수가 없었고, 이는 자연스럽게 부동산의 가격 상승, 반대로는 화폐의 가치 하락으로 이어졌다. 따라서 한국뿐 아니라 전 세계 소비자들은 이러한 국면에서 노동 등을 통해서 돈을 벌어들인 다음에, 그 돈을 모아두는 것이 아니라 '자산'을 사야만 했다. 그렇게 하는 것이 돈의 가치 하락을 방지하고, 자산의 가격 상승을 누리는 방법이기 때문이다.

그리고 한국만이 아니라 전 세계가 법정 신용 화폐 체제인 상태에서 화폐 공급 증가율이 올라가는지 내려가는지를 확인하는 것은 매우 중요하다. 특히 미국 자산에 대한 투자 관심도가 높아지는 시대에서, 2025년은 트럼프 행정부가 취임한 시기이기도 하니 이러한 정책 변화가 어떻게 펼쳐질지 유심히 살펴야 한다.

그렇다면 신용 화폐의 증가는 어떻게 측정하는 것이 좋을까? 일반적으로 가장 대표적인 화폐량 데이터는 M2이다. M2란 통화량을 측정하는 지표 중 하나인데, 통상 M0를 본원 통화라고 하며, M1을 협의의 통화, M2를 광의의 통화라고 한다. 자세한 산식을 모두 이해할 필요는 없지만, M2를 통해서 이것이 얼마나 증가하고 있는지를 보는 것이 중요하다. 즉, M2의 총량도 중요하지만, 근본적으로 M2의 증가율을 보아야 한다는 의미다.

한국의 M2를 확인하는 방법 중 가장 편한 것은 '한국은행 금융-경제 스냅샷'을 이용하는 것이다.

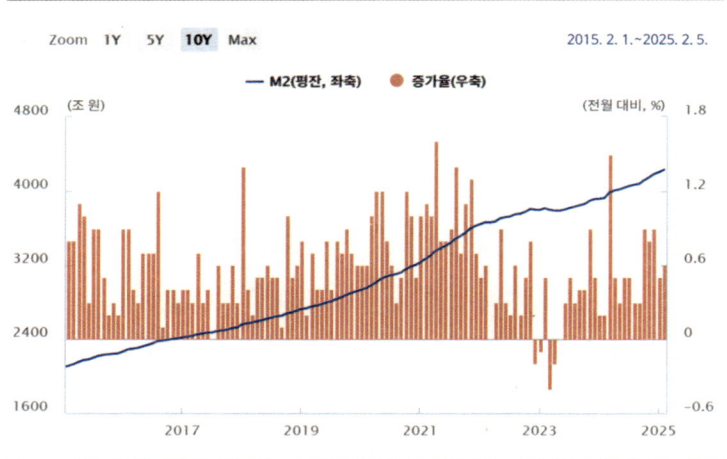

자료: snapshot.bok.or.kr/dashboard/A5

미국의 M2는 FRED Federal Reserve Economic Data(연방준비제도에서 제공하는 경제 데이터)를 통해서 확인하는 것이 편하다.

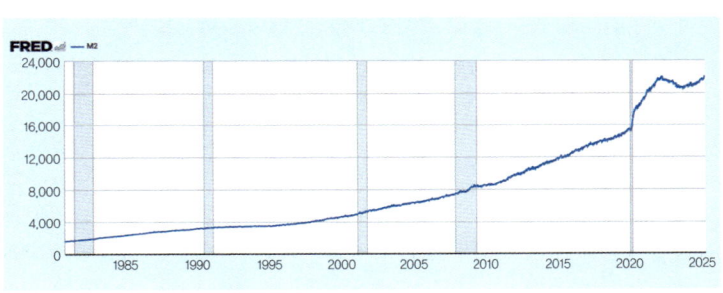

자료: fred.stlouisfed.org/series/WM2NS

우리가 이해해야 할 것은 돈도 증가하고 자산도 증가하는데, 둘 중에 돈이 더 빨리 증가할 때는 자산을 모으고, 자산이 더 빨리 증가하는 양상일 때는 돈을 모아야 한다는 것이다. 이 기준만 잡고 있더라도 현 경제 체제에서 실패할 가능성은 적어진다.

02

저성장 시대의
자산 투자 방법

투자란 오늘보다 미래에서 더 큰 가치를 얻는 모든 활동을 의미한다. 돈으로만 하는 것이 아니라 시간을 들이는 것도 투자다.

마시멜로 실험Marshmallow Test을 들어보았을 것이다. 1970년대에 스탠퍼드 대학의 한 심리학 교수가 재미있는 실험을 했다. 어린 아이에게 마시멜로 한 개를 주고 말했다.

"지금 이걸 먹어도 돼. 하지만 내가 15분 뒤에 돌아올 때까지 안 먹고 기다리면 마시멜로를 하나 더 줄게!"

아이들은 고민하기 시작했다. 어떤 아이는 바로 먹었고, 어떤 아이는 열심히 참고 기다렸다. 그 후 이 아이들을 수십 년 동안 추적 조사했더니, 기다렸던 아이들이 더 좋은 학교에 가고, 돈도 더 잘 벌고, 건강도 더 좋았다고 하는 내용이다.

원래 이 스토리는 '기다리는 힘(자기 조절력)'이 인생을 성공적으로 살아가는 데 중요한 능력이라는 것을 의미한다. 이를 재테크와 연관시키면 마시멜로를 바로 먹어버리는 것은 소비이고, 투자가 아니다. 15분의 시간을 들여서 1개를 더 받은 것이 투자다.

경제 성장이란 나라의 전체적인 돈벌이가 점점 늘어나고, 사람들이 소비를 더 많이 하는 것을 말한다. 우리나라는 1970~1980년대에 경제가 가장 빠르게 성장했고, 이때를 '성장기'라고 한다. 이후 2010년대까지도 준수한 성장을 하였다. 그러나 2020년대 들어서, 특히 2024년부터는 성장률이 매우 저조해지면서 우리 역시 일본의 잃어버린 30년을 따라갈 것이라는 전망이 적지 않게 나오고 있다.

통상 성장기에는 사람들도 돈을 더 많이 쓰고, 기업들도 돈을 더 많이 벌기 때문에 자산의 가치가 빨리 올라간다. 이때의 투자는 자산의 가치 상승에 기대는 투자이며, '매각 차익'을 중요하게 생각하는 투자론이 일반적이다. 반면 저성장기에는 돈을 버는 속도가 느려지고 사람들도 소비를 줄이기 때문에 자산 가격이 크게 오르지 않는다. 그래서 이런 시기에는 자산을 사서 가격이 오르길 기다리기보다는 꾸준히 현금이 들어오는 투자가 중요해지는 법이다.

한국의 자산, 특히 부동산의 경우에는 오랜 기간 한국 경제 성장과 궤를 함께해 왔다. 장기적으로 균형 관계일수록 그렇다. 이 글을 쓰는 2025년에는 최근 3년간 역사상 가장 심각한 양극화가 나타나고 있는 상황이지만, 2024년부터 우리 경제의 성장률이 크게 둔화하면서 부동산 시장에까지 영향을 주고 있다. 그런데 앞으로 저성장의 시대로 진입한다면 부동산도 초양극화되는 일부 지역을 제외하고는 좋은 자산이 되기 어렵다. 한편 이재명 정부는 '6.27 부동산 대책'을 발표하며 부동산 시장 안정과 주식 시장 활성화를 꾀하고 있다. 이 부분은 부록으로 담아 정리하겠다.

한국의 주식에 대해서는 후술하겠지만, 한국의 경제 성장과 크게 관련이 없다. 상장 기업 중 대부분이 수출 기업이고, 한국의 성장과 무관하게 해당 산업의 글로벌 업황이 좋으면 성장하고, 나쁘면 침체하는 것이 일반적이기 때문이다. 삼성전자를 예로 들면 한국의 경기가 좋아야 삼성전자 주식이 상승하는 것이 아니라, 글로벌 메모리 사이클이 와야 상승한다

따라서 저성장 시대로 진입하는 한국에서 원화로 투자해야 하는 상황일 경우, 먼저 해야 할 것은 '현금 흐름'을 늘리는 원화 자산 투자처를 최대한 많이 확보하는 것이다. 특히 40대에 진입했다면 그동안 해오던 '매각 차익' 중심의 투자에서 '현금 흐름' 중심의 투자

로 무게추를 옮기기 적합한 시점이다.

앞에서 '소득'에 대한 개념을 살펴봤으니 이제는 현금 흐름 등 경상소득을 증가시키고, 자산 처분 등 비경상소득을 증가시켜야 한다는 것은 이미 이해하고 있을 것이다. 그런데 자산 중에서는 배당 등 현금 흐름을 창출하는 자산이 있으므로, 경상소득처럼 근로소득을 증가시키는 것 외에도 배당, 이자, 연금소득 등과 같은 경상소득을 증가시키는 방법에 대해서도 깊게 들어가야 한다.

이와 함께 저성장의 한국에서 반드시 해야 하는 것은 바로 '성장'에 대한 집중적 투자다. 상대적으로 한국 전체가 성장할 때는 대부분의 기업도 같이 성장을 했다. 그러나 2020년대 중반처럼 저성장 기조에 진입한 후부터는 성장을 하는 기업과 하지 못하는 기업 사이에는 하늘과 땅만큼의 격차가 존재한다. 성장에 소위 프리미엄을 주기 시작하는 것이다. 따라서 '성장'을 잃어가고 있는 한국에서 벗어나 '성장'을 하는 다른 자산, 즉 외화 자산을 찾아 투자해야 한다.

이는 환율과도 연관이 깊다. 한국이 저성장으로 가면 갈수록 원화 가치가 하락할 가능성이 높다. 옆 나라의 사례가 이를 보여준다. 따라서 현금 흐름과 성장성 두 가지를 모두 추구하는 포트폴리오를 짜야 하는데, 먼저 현금 흐름부터 챙기도록 하자.

고배당 ETF와 주식으로
소득부터 높여라

03

2024년경 경기도 분당의 아파트를 매도해서 매각 차익을 포함해 약 11억 원의 돈이 생긴 A라는 사람이 있다. A는 그 자금으로 서울 마포구의 아파트에 갭 투자를 할 요량으로 전세가 9억 원에 매매가 20억 원 정도 되는 아파트를 사는 방안에 대해서 고민을 하고 있었다. 이 책에서 내가 부동산을 바라보는 방법론 전체를 다 설명할 수는 없더라도, 그와 나눈 대화를 간략히 소개한다.

나   "전세 9억에 매매 20억 아파트를 사기에 적합한 금액이라 할 수 있는데, 그 아파트가 5년 후에 40억이 될까요?"

A   "5년 만에 어떻게 두 배인 40억 원이 돼요?"

나   "마포 아파트는 5년 후 40억이 안 될 가능성 높지만, 연

15% 수익을 주는 자산은 5년 후 2배가 상승을 해요. 그리고 5년 후 2배가 되는 자산이 없는 게 아니라 있습니다. 그러니 잘 생각해 보시는 게 좋겠습니다."

사실 나의 얘기는 묻는 사람이 원하는 답이 아니다. 처세술이 좋은 사람이라면 상대방이 듣고 싶어 하는 말을 해줘야 하는데 말이다. 위의 사례에서는 "아이고, 그러면요. 마포구 아파트 사시는 것은 진짜 좋은 선택입니다."라고 해야지 이쪽 업계에서 큰 성공을 할 수 있을지도 모르겠다. 그러나 나는 이미 연 장기 복리 수익률의 차이를 머릿속에 넣고 다니는 사람이라 그런 말을 하는 게 어려웠다. 저성장으로 치닫는 한국에서 어떻게 마포구 아파트가 5년 만에 두 배가 될까. 확률이 없진 않지만 높지는 않다. 대화를 다시 이어가 보자.

A   "무엇을 하면 그렇게 되는데요?"
나   "미국에 AGNC, NLY 같은 상장 모기지 리츠가 있는데, 그걸 사면 배당 수익을 연 12~15% 줘요. 세후로 계산하면 세후 수익률은 달라지겠지만, 월 배당이나 분기 배당을 주는 리츠는 12~15%를 줍니다. 시가 총액도 90억 달러가 넘어가니 원화 환산 13조 원 정도 돼서 아주 작은 기업도 아니고요. 물론 모기지 리츠든 아파트든 단일 자산인 만큼 가격 변동의 리스크가 있지만, 어쨌든 현금 흐름이 중요해지는 시대가 되는데, 금융 상품으로 월 배당을 받아보면 정말 생각이 달라지실 겁니다. 돈이 좀 있으니까 먼저 1억 원이라도 한번 시작해 보고 그다음에 더 생각해 보세요."

실제로 A는 나중에 상장 모기지 리츠 주식을 샀다고 연락이 왔다. 얼마나 샀냐고 물어보니 모두 다 샀다는 것이다. 그래서 배당을 얼마 받냐고 물어보니 월에 1,300만 원 수준을 받는다고 한다. 이를 환산하면 연간 1억 6,000만 원이 넘는 금액이었다. 5년이면 8억 원이다.

물론 마포 아파트는 가액이 커서 23억 원에서 연 3%만 명목 상승을 해도 7,000만 원이 상승하는 것을 의미한다. 5년이면 못해도 약 16%로, 3억 6,000만 원대에 이른다. 명목 4%로 5년간 복리 성장을 하면 그 금액은 약 5억 원으로 올라간다. 즉, 부동산 투자 역시 수익이 난다.

그런데 15% 배당 자산에 9억 원을 투자하는 경우, 1년에 1억 3,500만 원의 배당이 발생하고 5년이면 배당 소득으로만 6억 7,500

만 원이 된다. 더욱이 중요한 것은 '현금'으로 채워진다는 것이다. 그 규모도 적지 않다. 원금 11억 원의 약 75%에 해당하는 금액이다. 부동산을 보유해도 자산이 불어나는 기분은 느끼겠지만, 배당을 억 단위로 받을 때처럼 현금 흐름이 급격히 개선되는 것 같은 기분은 못 느낄 것이다.

이것이 현금 흐름이 늘어났을 때의 부의 효과와 평가 이익이 커지는 자산에 투자했을 때의 차이를 잘 보여준다고 생각하는데, 지금 그 지인은 나처럼 미국 모기지 리츠의 전도사가 되어서 주변 사람들에게 부동산 투자보다 현금 흐름을 늘리는 투자를 설파하고 있다.

물론 12% 이상의 배당을 주는 주식이 흔한 것은 아니다. 일본의 리츠들은 평균 5~6%의 수익률을 준다. 국내 상장된 증권사나 은행주 등 금융주들도 평균 6~7% 정도를 준다. 그러니 어떤 의미로 6~8%의 배당은 꽤 흔해졌으며, 8~10% 정도도 찾는 데 무리가 없다.

최근 커버드콜 ETF 등이 활개를 치고 있는데, 이런 옵션 상품은 배당주가 아니니까 절대 하지 말도록 하자. 진정한 의미의 배당을 주는 기업은 완숙 산업이나 금융주, 혹은 미국에서도 성숙한 기업들이나 리츠 등이다. 따라서 배당을 많이 주는 기업들을 따로 정리하고 있어야 한다.

이 사례가 말해 주는 것은 무엇일까? 소득은 두 가지 경로로 인식된다. 하나는 현금 흐름이고 다른 하나는 매각 시의 차익이다. 그래서 자산은 기본적으로 보유하고 있는 생애 주기 기간 동안에 얼마만큼의 현금 흐름이 발생하는지, 또 처분을 통해서 자산 취득을 종결시킬 때 얼마만큼의 수익이 예상되는지가 전체 총 손익을 판단하는 숫자가 된다.

통상 한국의 아파트에 투자를 많이 해본 사람들은 아파트가 매각 차익을 위한 자산임을 잘 알고 있을 것이다. 그래서 이런 경우에는 자산의 '명목 가격'에 집중을 한다. 5억 원에 산 아파트가 1억 원이 올라 6억 원이 되었다면 20% 상승한 것이다. 주식도 삼성전자가 5만 원에서 7만 5,000원이 되었다면 50% 상승한 것이고, 반대로 삼성엔지니어링이 15만 원에서 3만 원이 되었다면 80% 하락한 것이다.

그런데 주식이든 부동산이든 현금 흐름을 목적으로 투자하는 경우도 많다. 그리고 미래에는 이러한 현금 흐름을 중시하는 투자가 저성장의 한국에서 상당히 각광을 받을 가능성이 높다. 투자는 결국 두 가지를 다 맞춰야 하지만, 상대적으로 현금 흐름을 맞추는 투자를 덜 하던 관행에서 벗어나 앞으로는 현금 흐름을 확보하는 데 전력을 다해 더욱 집중해야 할 시기다.

주식에서 현금 흐름을 기대하는 투자를 아마도 독자들은 '배당주' 투자라고 생각할 수 있겠다. 배당은 통상 기업이 결산 이후에, 수익을 낸 소득에서 일부를 빼서 주주들에게 환원하는 활동을 의미한다. 1년에 1,000억 원의 순익을 올렸는데, 이 중 200억 원을 주주들에게 배당한다면 배당률payout ratio은 20%이고, 이 회사의 시가 총액이 1조 원이라면 시가 배당 수익률(총 배당액÷시가 총액=주당 배당금÷주가)은 2%가 된다.

그런데 이러한 현금 흐름은 1년에 한 번 혹은 2~4번 정도만 존재하기 때문에, 배당주 투자를 하고 현금 흐름을 제고하는 투자라 하더라도 완벽한 현금 흐름 창출 목적의 투자로 보기 어려운 국면이 있다. 그래서 최근에는 배당 주기를 더 짧게 가져가거나, 회계 결산 시점을 1년이 아니라 6개월로 하는 등 배당을 구조적으로 더 많이 할 수 있는 기업 회계 기준을 채택해서 투자자들에게 배당 횟수를 늘려주는 기업들도 존재한다.

시장의 니즈에 맞춰 배당주들도 진화했다. 최근에는 아예 월간 배당을 제공하는 기업이나 ETF도 있다. 해외 기업 중에서 배당을 월간으로 지급하는 대표적 기업으로는 앞서 언급한 NLY나 AGNC 인베스트먼트 같은 리츠들이 있다. 이 두 기업은 미국의 30년 만기 주택 모기지를 리츠가 매입해서 모기지 이자 수익을 완전 배당하는 '모기지 리츠'다.

AGNC의 배당 수익률은 2025년 기준 주당 연간 1.44달러이고 월에 0.12달러인데, 이는 주가 약 10달러를 기준으로 할 때 14.4%의 연간 배당 수익률에 이른다. NLY의 배당 수익률은 분기 0.65달러이고 주식은 21달러, 연간 배당은 2.6달러이므로 연 배당 수익률은 12.3%다. 둘 다 배당주로 유명한 그 어떤 기업들보다 더 큰 배당을 하는 기업군이라 할 수 있다.

이 외에도 미국의 모기지 리츠들은 7~14%의 배당 수익을 준다. 주택 모기지 리츠의 단점이라면 30년 만기의 주택 모기지를 편입한 것이므로 금리가 상승하면 가격이 하락할 리스크가 있고, 2025년 4월 미국 30년 금리의 급격한 조정 속에 주가도 상당한 조정을 겪었다는 점이다.

모기지 리츠 외에도 고배당을 주는 상품은 많다. 통신사 버라이즌은 6%대 배당을 주며, 대마초로 유명한 알트리아 Altria Group도

8%대 배당을 준다. 어쨌든 이들 배당 종목을 잘 엮어서 편입한다면 10%를 맞추는 것이 불가능한 것도 아니다. 물론 너무 높은 배당을 추구하면서 리스크를 짊어질 필요도 없겠지만.

앞의 A처럼 배당금을 받는 투자가 유리한 점은 현금 흐름이 개선되고, 그 개선된 현금 흐름을 토대로 다른 투자를 할 재원을 충분히 마련할 수 있다는 점이다. 또 개선된 현금 흐름은 생활 수준을 높여준다. 우리가 죽어서 무덤까지 자산을 가지고 갈 것이 아니므로, 지금 내 인생을 윤택하게 살아가는 데 소득보다 좋은 것이 없다. 따라서 소득이 개선되면 많은 것이 달라지는데 지인처럼 10억 원대 투자가 아니라 1억 원만 투자한다 하더라도 12~14%의 배당 수익이 존재한다면 약 1,200만~1,400만 원의 수익이 들어온다는 점에서 이는 결코 적은 소득 증가가 아니다.

배당금을 무제한으로 늘려서 배당만으로 수천~억 원대 배당을 받게 되면 어떻게 될까? 이렇게 배당이 연간 2,000만 원을 넘는 수익으로 들어오면, 한국은 이를 다음 연도 '종합소득'에 반영하므로 총 소득이 커지는 효과로 인해 세금도 증가하게 된다. 내가 내야 하는 세금의 폭이 증가하는 것이다. 이를 '금융투자종합과세'라고 한다.

이는 금투세와는 다른 것인데, 금융투자상품으로 벌어들인 수익이 2,000만 원을 넘었을 때의 과세를 의미한다. 이런 부분 때문에 한국에서의 배당주 투자가 불리한 국면이 적지 않다. 특히 미국, 일본과는 상당한 격차가 있다.

미국과 일본 등은 주식 배당 수익을 원래의 경상소득과 분리해서 금융투자소득으로 처리한다. 여기까지는 우리와 비슷하지만, 세율에서 큰 차이를 둔다. 미국과 일본은 이를 단일 세율(약 20%)로 일원화하여 처리한다. 가령 배당만으로도 1억 원을 벌더라도 20% 수준의 세율로 징수하면 끝인 것이다.

한국은 배당만으로 1억 원을 번다면 종합소득세율(6~45%) 안에서 내게 된다. 그러니 배당액이 커질수록 배당주를 기피해야 하는 현상이 나타난다. 만약 40%의 실질 세율로 배당 세율을 낸다면 15%의 배당 수익률이라도 세후는 사실상 9%가 되는 셈이다.

외국에서는 반대로 배당을 선호하는 현상이 생겨왔는데, 이 과정에서 배당에 대한 투자가 증가하며 배당 시장이 발달해 왔다. 처음부터 이랬던 것이 아니라 외국 역시 이러한 제도들을 발전시켜 왔다.

최근에는 한국도 배당세 분리 과세 등을 추진 중인데(2025년 5월 기준), 만약 이렇게 되어 한국도 미국이나 일본처럼 10~27%의 세금을 낸다면 과거보다는 상당히 양호해질 수 있다. 15%의 배당 수익률은 세후 10~12%의 수익이 되니 과거보다 유리해진다. 이러한 변화는 배당주 투자의 편익을 높이는 것이고, 대주주도 배당을 할 이유가 생기므로 배당 성향이 더 증가하는 선순환을 불러올 가능성이 높다.

이처럼 배당 소득이 커지면 커질수록 세금을 고려한 다양한 감세 방안을 생각해 둘 필요가 있다. 그러나 이는 배당이 연 2,000만 원을 넘는 경우에 해당하는 것이고, 그 미만이라면 일단 연간 배당금으로 2,000만 원을 맞추는 시도는 필수 불가결한 과정이다. 이런 현금 흐름 확보 투자가 모든 것의 시작이 되는 것이 제일 좋다. 특히 40대 이후에서라면.

SCHD

- 운용사: 찰스슈왑(Charles Schwab)
- 설정일: 2011년
- 기초 지수: Dow Jones U.S Dividend 100 index
- 배당 주기: 분기 배당

한편 ETF 중에서 월간 배당을 해주는 가장 유명한 ETF도 있으며, 그 대표적인 상품으로는 슈드SCHD가 있다. 이 ETF의 연간 배당 수익률은 약 4% 수준이고, ETF의 시세에 따라서 배당 수익률이 일부 달라지지만 대개 그 정도를 유지한다. 슈드 역시 월간 배당을 하기 때문에 많은 사람이 슈드에 가입을 하고 있으며, 국내에서 월 배당으로는 가장 유명한 ETF 중 하나다.

슈드의 장점은 ETF이기 때문에 AGNC, NLY와는 달리 특정 기업 한두 개의 실적이 부실하거나 주가가 부진하더라도 전체 ETF는 비교적 안정적으로 운영될 수 있다는 점이다. AGNC, NLY가 높은 배당 수익률을 자랑하긴 하지만, 개별 기업이라는 위험이 있다. 슈드와 같은 ETF는 이러한 개별주의 단점을 해소한다. 한 개 기업이 아니라 펀드 형태이므로 위험이 분산된다.

따라서 AGNC, NLY와 SCHD를 적절히 배합하는 것도 달러로 월 배당을 받는 좋은 조합이 될 수 있다. 향후 살펴보겠지만 엔화로 배당을 주는 일본 상장 리츠들과 혼합하면 연 8%의 매우 안정적인 조합이 만들어질 수 있다.

이 외에 배당 ETF 중에서 고배당을 표방하는 상품이 많다. 대표적으로는 QYLDGlobal X Nasdaq 100 covered call ETF 등이 있다. 그러나 이런 커버드콜 상품은 자세히 기록하긴 그렇지만, 일종의 시장 기만 상품이라고 할 수 있으므로 주의해야 한다. 커버드콜 ETF

와 같은 금융 구조가 복잡한 상품에 무리해서 투자하지 말라. 그냥 고배당 주식을 사든가 고배당 주식 조합을 사면 된다.

AGNC, NLY에 대한 자세한 정보는 해당 리츠의 웹사이트와 IR 자료를 통해서 볼 수 있다. 핵심은 월 배당, 최대 분기 배당 방식의 투자를 통해서 단기 현금 흐름을 지금보다 연간 2,000만 원 이상 늘리는 것부터 시작하라는 것이다. 이것이 모든 것의 시작이다.

04

방향이 맞다면 절반은 성공한다, 월 소득에 집중하라

내가 운영하는 유튜브 채널의 구독자들 중에도 SCHD라는 ETF를 하는 사람이 적지 않다. 혹은 SCHD와 다른 ETF들을 섞고, 또 커버드콜 ETF까지 섞어서 높은 배당 수익률을 추구하는 사람들도 있다. 국내 투자자들에게 커버드콜 ETF가 인기를 끈 이유는 높은 배당 수익률을 약속하기 때문이 아닐까 싶다.

그러나 커버드콜과 같은 상품은 ELS 사태 때 그랬듯 항상 문제를 몰고 오는 경향이 있다. ELS도 시작은 좋았지만 나중에는 마감 직전 높은 변동성에 자산이 청산당하는 수준의 하락을 감내해야 하는 문제도 있었으니, 굳이 무리해서 커버드콜 상품에 투자할 필요는 없을 것이다.

배당 소득을 높여 현금 흐름을 충족시키기 위한 투자로서 커버드콜 ETF는 그냥 배당주 투자 목록에서 빼는 것이 좋고, 순수 배당 ETF와 높은 배당을 기본으로 하는 리츠를 중심으로 배당 전략을 짜는 것이 좋다. 그러면 어떤 상품들을 목록에 넣어두고 있어야 할까?

글로벌 상장된 고배당 ETF 중에서 가장 유명한 것이 SCHD지만, 그 외에 다른 ETF들은 없을까? 먼저 SDIV Global Super Dividend ETF라는 ETF가 있다. 연평균 배당 수익률이 10% 수준에 이르는 매우 높은 배당 ETF다. 주당 0.19달러 정도를 배당하고 있고 월간 배당하며 권리락도 월말이나 월초에 발생한다. 다만 SDIV는 2020년을 전후로 코로나19 때 하락한 주가를 회복하지 못했고, 현재 펀드가 보유한 AUM Asset Under Management (운용 자산) 규모도 8억 달러 내외로 매우 적다고 할 수 있다. 높은 배당을 주는 ETF지만 가격 변동의 급변성 등 높은 배당을 상쇄하는 단점들이 있음을 알아둘 필요가 있다.

그다음은 KNG다. KNG는 FT Vest S&P 500 Dividend Aristocrats Target Income ETF의 티커 ticker (주식이나 ETF를 구분하는 고유 코드)인데, 월간 0.36달러 규모를 배당하고, 연 4.55달러, 주

가는 51달러 수준이니 배당 수익률 8%대를 유지하는 고배당 ETF다. KNG의 장점은 다년간 매우 안정적인 주가와 높은 AUM이다. 현재 37억 달러 규모의 AUM을 유지하고 있고, AGNC, NLY와 같은 모기지 리츠와 조합하거나 SCHD와 조합하기 좋은 배당 포트폴리오 후보다.

ETF 명가 블랙록의 신흥국 고배당 주식을 편입하는 DVYE ETF도 있다. 신흥국의 고배당 주식을 통해서 연 약 8%대의 고배당 수익률을 제공하고 월간 배당을 한다. 사실 블랙록뿐 아니라 유명한 ETF 자산 운용사들이 배당 ETF를 적극 운용한다. 이 챕터 마지막에 블랙록의 배당 ETF 목록을 정리해 두었으니 참고하라. DVYE가 현재 블랙록이 운용하는 배당 ETF 중에서는 가장 높은 8%대의 배당 수익률을 제공한다. 미국을 제외한 선진 시장 배당주에 투자하는 IDV의 경우 6%대 중반, 미국 배당주 중심인 DVY는 3%대 수준이다.

마지막으로 KODEX 일본부동산리츠(H)가 있다. (H)가 붙어 있는 데서 알 수 있듯 원엔 환율 헤지를 하는 상품이다. 따라서 엔화가 강세로 갈 때의 장점은 막을 수 없고, 반대로 엔화가 약세로 갈 때의 손실도 막을 수 있다. 일본부동산리츠 ETF의 평균 배당 약

8%대 중후반을 기록할 정도로 배당 수익률이 높다. 월 배당 방식이므로 월간 현금 흐름을 만드는 데도 매우 용이한 리츠다. 이 상품을 출시한 삼성자산운용 측에 감사 인사를 표하고 싶을 정도다.

이러한 리츠들을 보면 결국 고배당을 주는 방법론들이 각자 다 다르다. 그런데 중요한 것은 고배당에 몰입하여 안정성을 해쳐서는 안 된다는 것이다. 가장 대표적인 것이 커버드콜 ETF다.

최근 한국에서 유행하는 커버드콜의 경우에는 옵션 판매 자금을 토대로 배당을 주는 형식이고, 콜옵션을 매도하고 돈을 벌었으니, 반대로 주가가 상승했을 때의 상승을 잘 먹지 못한다. 일장일단이 존재하는 것이다. 혹은 고배당 ETF들은 신흥국 중심으로 고배당 주식을 매입한다거나, 일본부동산리츠처럼 애초에 리츠는 배당을 전제로 만들어진 모델이므로 이런 자산들을 편입하는 식이다. 그리고 이 책에서 가장 경쟁력 높은 배당 상품이라고 소개하는 AGNC, NLY와 같은 모기지 리츠 같은 경우도 고배당 리츠에 해당한다.

중요한 점은 완벽한 상품은 없다는 것이다. 이러한 상품군에 대해서 평가를 할 때는 배당 수익률도 중요하지만 위험성도 꼼꼼히 따져봐야 한다. 그래서 개별 종목보다는 리츠를 복합 편입하는

Ticker	Expense ratio	Fund name	Dividend strategy	Exposure
U.S. dividend-paying ETFs				
DIVB	0.05%	iShares Core Dividend ETF	High Dividend	Invests in U.S. companies that return capital to shareholders through paying dividends and/or buying back their stock
HDV	0.08%	iShares Core High Dividend ETF	High Dividend	Access to 75 established, dividend-paying U.S. stocks that have been screened for financial health
DVY	0.38%	iShares Select Dividend ETF	High Dividend	Exposure to broad-cap U.S. companies with a consistent history of dividends
DGRO	0.08%	iShares Core Dividend Growth ETF	Dividend Growth	Access U.S. companies that have a history of sustained dividend growth and that are broadly diversified across industries
International dividend-paying ETFs				
IDV	0.51%	iShares International Select Dividend ETF	High Dividend	Exposure to broad-cap International companies with a consistent history of dividends
IGRO	0.15%	iShares International Dividend Growth ETF	Dividend Growth	Access international companies that have a history of sustained dividend growth and that are broadly diversified across industries
DVYE	0.49%	iShares Emerging Markets Dividend ETF	High Dividend	Exposure to broad-cap Emerging Markets companies with a consistent history of dividends
DVYA	0.49%	iShares Asia/Pacific Dividend ETF	High Dividend	Exposure to broad-cap companies in Australia, Hong Kong, Japan, New Zealand, and Singapore with a consistent history of dividends

자료: 블랙록 배당 ETF

ETF를 사는 것이 더 나을 수도 있다. 이렇게 연간 8~10% 수준을 타깃으로 하고 만들면 이후 현금 흐름이 크게 개선되면서 다른 부분들이 나아질 수 있을 것이다. 현금 흐름을 높이는 방향만 맞다면 은퇴 준비는 사실 절반은 해놓은 것과 마찬가지다.

채부심의
배당 투자 제안

　한국인에게 '모기지 리츠'의 개념은 일반적이지 않다. 주택 담보 대출인 모기지는 알고 있지만, 리츠의 경우 이름은 들어봤어도 리츠 투자를 직접 하는 사람이 적어서다. 내가 2020년에 『미국 리츠로 4차 산업 건물주가 되라』라는 책을 낼 때 전 세계 모든 상장 리츠를 분석하고 리츠에 대해서 깊은 리서치를 할 시점에도, 글로벌 리츠들과 한국의 리츠들이 달라서 한국 투자자들에게는 어쩌면 리츠가 부정적으로 비춰질 가능성이 높아 한국에 잘 퍼지기 어렵겠다고 판단한 바 있다.

　한국 리츠를 논하기에 앞서 현금 흐름에 집중하는 투자 포트폴리오를 만들어보는 것이 중요하겠다. 기본적으로 우리가 추구해야 할 투자는 '안정적이되 너무 낮은 배당 수익률은 아닌' 조합이어야 하며, 여기서 배당액은 당장 연 2,000만 원을 1차 목표로 한다. 왜냐하면 이를 넘어설 시에는 금융종합과세의 대상이 되면서 세후 수익률 부분에서 상당한 데미지가 있어서다.

먼저 '배당 수익률 관점'에서만 종목들을 찾아보자. 가장 먼저 잡히는 것이 미국의 모기지 리츠들이다. 이들 중에는 최대 20%라는 말도 안 되는 배당을 주는 종목들도 있다. 단, 미국의 모기지 리츠들은 대개 10%의 높은 수익률을 주지만, 배당 그 자체를 위한 것이라기보다는 그 모기지 리츠의 총 수익을 달성하기 위한 관점에서 높은 수익률을 준다는 것을 알아둘 필요가 있다. 이 중에서 AGNC와 NLY가 있는데, 월 배당을 주는 AGNC를 선정해 보았다. 다만 모기지 리츠로만 100%를 꾸미지 않는 이유도 명확하다. 가격 변동성이 높고, 안정성을 담보하기가 쉽지 않아서다.

이 책의 초고를 작성하던 2025년 1월 기준으로 미국의 금리 환경은 트럼프 대통령 취임 직후 상당히 달라졌다. 2024년 말에는 4.8%까지 갔던 10년물 미국 금리가 트럼프 취임 후에는 4.2%를 하회하는 방향으로 가고 있는데 분기 만에 0.6%p가 변할 정도로 스윙이 컸다. 이런 흐름 속에서 AGNC, NLY의 주가 흐름을 보면 주가가 상승한 것을 알 수 있는데, 이는 채권이 갖는 고유한 특징으로 금리가 내려가면 상승하는 모습을 보여준 것에 가깝다. 금리만으로 주가를 설명할 순 없겠지만, 구조가 은행업과 유사하다면 조달 금리가 내려가는 것은 은행에 좋은 일이다. 마찬가지로 모기지 리츠에도 비슷하게 작동을 하고 있다. 그러나 원고를 마무리하던 2025년 5월의 환경 기준으로 미국 30년물 금리가 치솟았고(4월부터), 미국 모기지 리츠들은 일제히 상당한 조정을 받고 있다. 이처럼 가격의 변동이 크다는 것이 고배당 모기지 리츠들의 단점 중 하나다.

금리의 향방에 따라서 자산을 어떻게 배분할지 생각하는 것은 매우 중요하다. 다만 큰 방향을 잘 잡아놓으면 너무 상세한 경로를 맞추기 위해서 고민하는 것은 지양해야 한다. 40점을 90점 만드는 데 드는 에너지나, 90점을 95점 만드는 데 드는 에너지가 사실 비슷하다 할 것이다.

지금은 전체적으로 자산 운용에 힘을 빼고 시간을 아껴서 자신의 본업에 더 집중하는 기반을 꾸리는 것이 중요하다. 그러므로 자산 배분에 너무 과도한 시간을 쏟지 말아야 할 것이다.

다음은 '안정성' 측면에서 찾아보자. 안정성이란 가격 변동성이 높지 않거나, 위험이 분산된 경우를 의미한다. 특히 시가 총액이 너무 작거나, 실적 변동성이 너무 높은 기업이나 ETF는 피하는 것이 좋다.

안정성이 높은 대표적 기업은 '빅 파머big pharma'라 불리는, 말 그대로 세계 시장을 지배 중인 미국의 바이오 기업들이다. 이들 기업의 주식은 한국과 달리 고배당이다. 왜냐하면 미국의 빅 파머들은 이미 제약 판매를 통해서 안정적 현금 흐름을 창출하고 있으며, 신규 투자는 매년 전 세계 유망한 바이오텍 기업들을 인수하면서 매출·이익을 확장하는 성장 공식을 따르기에 현금이 마를 날이 없다.

그런 의미에서 애브비Abbvie(티커: ABBV)나 화이자Pfizer(티커: PFE)는 좋은 배당 주식이다. 또 슈드SCHD ETF의 대표 종목 중 하나인 알트리아(티커: MO)도 56년 연속 배당금을 증액시킨 유명한 배당주이다. 알트리아의 2025년 배당 수익률은 7% 수준(작성 시점)이며, 분기 단위로 배당한다는 점에서 배당주의 면모를 확실히 보유하고 있다.

일본의 상장 리츠들 역시 높은 배당 수익률을 제공한다. 책에서는 외화를 주로 달러 중심으로만 다뤘지만, 2025년 기준 일본은 확실히 달라지고 있으며 상장 리츠를 통해서 배당 포지션을 셋업

해도 될 정도로 거시 지표들이 개선되고 있다. 이 중 글로벌원(티커: TSE 8958)의 경우, 미쓰비시가 보유한 오피스 빌딩 중심이며 배당 수익률은 6.8% 수준이다.

일본 최대 리츠 중 하나인 일본빌딩펀드(티커: TSE 8951)의 경우에도 글 작성 기준 배당 수익률이 3% 후반으로 내려갔지만, 주가가 단기간에 상승해서 그렇고 연간 4.5~5.5%의 배당을 기대할 수 있는 종목이다. 시가 총액도 리츠가 1조 1,000억 엔이 넘을 정도로 큰 편이라 안정성이 높다고 할 수 있다.

통상 안정성을 높이면 배당 수익률이 낮아지므로 둘을 트레이드오프(한 가지 목표를 달성하기 위해 다른 목표가 희생되는 상황) 관계로 보고 접근하는 것이 좋겠다.

이뿐 아니다. 앞서 언급한 대로 일본부동산리츠 전체를 사는 방법은 KODEX 일본부동산리츠(H)가 있는데, 이 ETF는 월 배당이고 배당 수익률이 연 환산 7~8% 수준에 이른다. 일본 상장된 리츠보다 배당 수익률이 높은 것은 한국과 일본의 금리 차에서 오는 마진이 포함되어서이다. 그러므로 모두가 배당 수익률은 아니고 금리 환경에 따른 추가 수익이 존재하는 것으로 생각하면 좋겠다.

이 때문에 환율 변동에 따른 위험을 없애기 위해 현재 수준의 환율로 수출이나 수입 또는 투자에 따른 거래액을 고정시키는 환혜지換hedge를 뜻하는 (H) 태그가 달린 것인데, 일본의 모든 리츠를 사는 것과 같은 만큼 안정성은 그 무엇보다도 높다고 할 수 있다. 다만 향후 엔화가 강세로 가는 환경 등을 염두에 둔다면 개별 리츠를 선택하고 엔화 포지션을 잡는 것이 더 좋은 방법일 수도 있다.

여기서 달러, 엔을 모두 편입하고, 환을 모두 노출하는 포지션을 잡아보자.

1안은 AGNC, 알트리아, 글로벌원리츠, SCHD로 1/4씩 조합을 하는 경우다. 이때 포트폴리오의 수익률은 평균 8%로 잡히고, 달러 포지션으로 75%, 엔화 포지션으로 25%가 설정된다. 8%의 수익으로 2,000만 원을 맞추려면 2,000만 원÷8%=2억 5,000만 원이다.

2억 5,000만 원을 지금 맞추는 것이 아니라 은퇴 시점을 기준으로 맞추면 되는 것이고, 같은 방식으로 저 정도의 수익률을 추구하는 자산을 매수하면서 늘려나가면 된다. 20년 동안 8%의 수익을 다시 배당에 재투자하는 경우, 45세 기준 6,700만 원을 보유하고 있으면 된다. 8%의 배당이지만 2,000만 원 이하에 분리 과세 15.4%를 적용하면 세후 수익률은 6.8%가 되기 때문이다.

따라서 6.8%의 수익률을 20년간 굴린다면 7,000만 원이 안되는 돈으로 2억 5,000만 원을 만들어낼 수 있다. 이런 맥락에서 현재 1억 원이 있다면 65세에 6.8%의 배당주 재투자만으로 3억 7,000만 원을 만들어낼 수 있고, 위의 포트폴리오와 같은 세후 6.8%의 수익은 연간 2,500만 원의 수익을 가져다줄 것이다.

엔화 헤지를 하지 않되 높은 수익률을 주는 부분을 고려해서 2안은 일본부동산리츠(H) 1/2, AGNC 1/4, 알트리아 1/4로 잡아보자. 이 경우 엔화 오픈은 없으며, 원화 50%와 달러 50%로 포지션을 잡게 된다. 이 조합의 합산 배당 수익률은 9.3%가 된다. 같은 방식으로는 연 2,000만 원 분리 과세 기준 4,800만 원을 45세에 보유하고 이를 20년간 복리 투자하면 2억 2,000만 원 수준의 잔액을 확보할 수 있다. 그리고 이후에도 이 금액을 통해서 세후 2,000만 원 수준의 배당을 확보하게 된다.

마지막으로 밸런스를 추구하는 경우다. 슈드 1/2, 일본부동산리츠 1/2를 통해 반반 매입하는데, 달러로만 환을 오픈했고 엔화로는 헤지를 한 상태다. 배당 수익률은 5.8%가 되며 일본부동산리츠는 월 배당, 슈드는 분기 배당이므로 배당의 주기성이 존재하지만 포지션은 상당히 안정화된다.

이처럼 각자 자신에게 맞는 조합을 찾아보는 것이 좋겠다. 핵심은 은퇴 시점을 기준으로 3억~5억 원 정도의 자금을 모을 생각으로, 지금부터 포지션을 쌓아가라는 것이다. 그리고 이들 기업의 배당도 수익률이 유지되고 기업이 성장한다면 배당액 자체도 성장하게 되어 있다. 따라서 위 계산은 기업의 이익 성장을 제로로 가정하고 한 매우 보수적 방법이라고 할 수 있으며, 실제로는 이보다 더 높은 성과를 안겨줄 가능성이 적지 않다.

특히 리츠는 각 나라에서 공통적으로 배당 가능 재원의 100%를 완전 배당하도록 법제화해 놓고 있다. 그래서 리츠가 높은 배당 수익을 누리는 것이다.

현금 흐름을 위한 배당 투자 제안에서 한국의 리츠는 배제했다. 한국에도 좋은 리츠들이 없는 것은 아니나 외국의 리츠들과 형식은 유사하지만 근본적으로 기업이 보유한 비핵심 자산을 리츠 주주들에게 고가로 떠넘기는 방식으로 투자자들을 기만하는 리츠가 적지 않기 때문이다. 그래서 현금 흐름을 창출하는 투자에서 한국의 리츠는 완전히 배제하고 바라봤다는 점을 밝힌다.

ETF
투자 가이드

 이 책의 독자 중 ETF를 처음 들어보는 사람은 거의 없을 것이라 생각하지만, ETF가 한국에 퍼진 지 20년이 안되므로 여전히 생소하게 받아들일 사람도 적지 않으리라 생각한다. 개별 종목인 삼성전자나 SK하이닉스를 거래하는 것과 같이, ETF들도 각자 개별 종목처럼 거래를 할 수 있다. 그래서 형식은 펀드지만 거래되는 형식은 개별 주식과 흡사한 면모를 보인다.

 ETF가 차별을 가지는 점은 종전의 '펀드'다. 현재도 있는 공모-사모 펀드들은 개별 상품으로 가입을 하고, 이런 펀드들은 가입만 했지 사고팔 수 있는 것이 아니다. 그런데 ETF는 이것과 다르다. 이름부터 ETFExchange Traded Fund로 주식 시장에 상장되어 주식처럼 거래되는 펀드를 의미한다. 즉, 가장 큰 차이점은 펀드인데 사고 팔 수 있다는 점이다.

ETF의 주요 특징은 다음과 같다.

첫째, ETF는 실시간 거래가 가능하다. 주식처럼 증권 시장의 영업시간 동안 실시간으로 사고팔 수 있다. 기존의 펀드는 하루에 한 번만 기준 가격이 정해져 거래가 이루어지지만, ETF는 시장 가격에 따라 언제든지 거래가 가능하다.

둘째, 낮은 운용 수수료이다. ETF는 일반적인 펀드보다 운용 보수가 낮기 때문에 장기적으로 보면 수익률에 유리한 영향을 미칠 수 있다. 운용 수수료가 낮은 이유는 ETF가 특정 지수를 추종하는 패시브 투자 방식이기 때문이다. 지금 패시브-액티브를 구분할 필요는 없지만, 패시브는 일단 테슬라의 오토파일럿처럼 자동 운전을 하게 하는 것이고 액티브는 사람이 직접 모두 개입하는 것을 의미한다.

셋째, 투명한 운용 방식을 가지고 있다. ETF는 특정 지수를 복제하는 구조이기 때문에 어떤 자산으로 구성되어 있는지 항상 투명하게 공개된다.

넷째, 소액으로 분산 투자가 가능하다. ETF 한 주만으로도 다양한 자산에 분산 투자가 가능하며, 적은 금액으로도 효과적인 자산 배분이 이루어질 수 있다.

다섯째, 다양한 투자 대상과 전략이 존재한다. ETF는 다양한 시장 지수뿐만 아니라 특정 산업, 테마, 국가, 자산군을 타깃으로 하는 다양한 상품을 제공한다. 예를 들어 기술 산업, 친환경 에너지, 헬스케어, 금속, 농산물 등의 ETF가 있으며, 투자자들이 본인의 투자 목적과 관심 분야에 따라 선택할 수 있다.

이러한 ETF를 투자하는 방법도 그래서 간단하다. 주식처럼 거래할 수 있기 때문에 주식 계좌가 있으면 된다. 토스든 한국투자든 키움증권이든 삼성증권이든 증권사 계좌만 있으면 거래 가능하다.

기본적으로 증권 계좌 개설은 비대면인 경우 신분증, 스마트폰(앱)과 본인 확인을 위한 은행 계좌번호가 있어야 한다. 이를 통해서 개인 신원이 확인되면 계좌가 개설된다. 이후에는 당연히 증권 계좌에 입금을 해야 한다. 이것이 자신의 투자 금액이 되는 것이다. 개인에게 추천하는 방안은 현재 투자 가능한 돈이 1억 원이라 하더라도 1억 원 모두를 넣어두지 않아도 되고, 혹은 1억 원을 넣어두더라도 지금 당장 모두 사야 할 필요가 없다는 것이다. 이유는 결국 사고파는 것은 자산 배분의 원리와 투자 아이디어 속에서 하는 것이지, 특정 ETF를 몰빵 하려고 하는 것이 아니라서다.

많은 사람이 여기서 실패하는데, 가령 주식으로 3억 원을 할 수 있으면 이를 모두 투자하는 식이다. 그런데 이 경우 그 3억 원의 투자에 있어서 타 자산과의 밸런스도 잘 맞지 않거나, 혹은 '지금 나의 상황'이 3억 원을 투자할 수 있다고 이것이 시점적으로 가장 완전하냐 하면 그렇지가 않다. 따라서 산다는 행위 자체가 넓게 보면 자산 배분의 영역에서 결정하는 것임을 이해해야 한다.

한편 ETF 거래가 자유롭게 되더라도 조심해야 할 것은 무엇일까? 기본적으로 ETF는 상장된 종류만 수백 개다. 2025년 4월 기준 ETF는 국내 주식으로만 371개이고, 해외 주식으로 311개가 있다. 국내 채권으로 132개, 기타로 159개가 있다.

구분		2015.12	2016.12	2017.12	2018.12	2019.12	2020.12	2021.12	2022.12	2023.12	2024.12	2025.4
ETF (국내 주식)	펀드 수	113	140	176	234	257	256	291	316	348	367	371
	비중	57.07%	54.69%	54.15%	56.66%	57.11%	54.70%	54.60%	47.45%	42.80%	39.25%	38.13%
ETF (해외 주식)	펀드 수	40	55	70	76	74	88	116	167	220	291	311
	비중	20.20%	21.48%	21.54%	18.40%	16.44%	18.80%	21.76%	25.08%	27.06%	31.12%	31.96%
ETF (국내 채권)	펀드 수	21	28	37	50	53	54	53	74	106	129	132
	비중	10.61%	10.94%	11.38%	12.11%	11.78%	11.54%	9.94%	11.11%	13.04%	13.80%	13.57%
ETF (기타)	펀드 수	24	33	42	53	66	70	73	109	139	148	159
	비중	12.12%	12.89%	12.92%	12.83%	14.67%	14.96%	13.70%	16.37%	17.10%	15.83%	16.34%

자료: 국내 ETF 현황

이처럼 ETF의 종류가 수백 종이 넘기 때문에 개인들이 사고파는 ETF 모두 활발히 거래가 이루어지지 않을 가능성이 있다. 기본적으로 ETF 투자에서 중요한 것은 '거래 유동성'이다. 즉, 거래가 충분히 이뤄지는지를 살펴야 한다.

참고 자료

삼성자산운용 ETF 투자 가이드: www.samsungfund.com/etf/insight/guide.do

Fnindex: www2.fnspace.com:4000/fund/etf

Chapter 3

해외 ETF 투자로 노후 준비를 완성하라

미국의 지수 ETF로도
주식 투자 충분하다

　흔히 주식 투자라고 하면 국내 주식이든 해외 주식이든 직접 투자를 하는 것만을 떠올리는 경우가 적지 않다. 그러나 개별 주식을 직접 투자하는 데 따르는 위험성은 여전히 높다. 이러한 개별 주식의 위험성을 헤지하는 수단으로 적합한 것이 ETF다. ETF에 대해서는 2장에서 살펴봤으므로, 지금부터는 ETF를 활용해서 어떻게 자산 배분을 할지 다뤄보겠다.

　ETF의 가장 큰 매력은 '지수'를 추종하는 ETF를 구입할 수 있다는 점이다. 이렇게 지수를 매입하면 개별 주식이 보유한 리스크를 사실상 완전히 헤지하고, 시장 위험만 가져갈 수 있게 된다. 또한 장기적으로 봤을 때 영구 성장하는 시장이라면(미국, 일본과 같이) 이런 지수만 잘 찾아서 투자를 해도 영구 성장주에 투자한 셈이 된다.

그런데 해외 지수를 투자해야 하는 우리나라 투자자 입장에서 해외 지수형 ETF는 사실 두 가지가 존재한다.

첫째는 해외(미국) 지수 ETF 그 본체로, 직접 주식 계좌를 열어 해외 주식 매수 기능을 통해서 직접 ETF를 매입하는 형태다.

둘째는 한국인의 편의에 맞춰, 미국 지수 ETF를 그대로 추종하는 한국 증시에 상장된 ETF다. 이를 복제 ETF라고 부르겠다.

그렇다면 해외 ETF와 복제 ETF 중에서는 어떤 것을 사야 할까?

국내 투자자 입장에서 미국 지수 ETF를 산다면 기본적으로는 환율 변동에 노출된다. 환율이 2024년처럼 내내 올라주기만 할 때는 환율 변동에 노출되는 것이 너무나 큰 수혜다. 그러나 반대로 환율이 내려가는 구간에서는 해외 투자의 실익이 사라지곤 한다. 특히 1년에 환율이 15% 이상 변한 2024년과 같은 상황에서는 그 변동이 널을 뛰는 구조다.

환율은 누구나 쉽게 예측할 수 있는 부분이 아니므로, 환 변동에 완전히 노출되는 것도 좋지만 반대로 2024년처럼 환율이 너무나 상승해서 부담이 되는 시기에 투자를 새로 시작하려고 한다면 환헤지를 하는 것이 좋을 수도 있다.

해외 ETF를 하려는 국내 투자자 중에는 환헤지 상품을 원하는 경우가 많다. 그래서 국내 운용사들에서는 미국의 복제 ETF를 디자인하면서 환헤지를 의미하는 (H) 표기를 달아서 상품을 내놓곤 한다. 또 내놓는 김에 아예 환헤지를 안 하는 복제 ETF까지 추가하니, 결국 개인 투자자가 선택할 수 있는 범위는 아래와 같이 환헤지 여부에 따라 2개에서 3개로 늘어나는 셈이다.

> (1) 미국 지수 ETF(달러 기반)
> (2) 한국 복제 ETF(H): 환헤지 상품
> (3) 한국 복제 ETF: 환노출 상품

그런데 여기서 (1)이나 (3)은 도긴개긴이라 굳이 구분해야 하나 싶지만, 운용 보수가 미세하게 다를 수 있다. 그리고 근본적으로 (3)은 원화로 투자한다는 점에서 편의성이 높다. 반면 외환으로 전환하여 상당 기간 원화로 다시 환전할 생각이 없다면 (1)을 선택하는 것이 좋다. 비슷하게, 본인이 환헤지를 노출하는 것보다는 안 하는 것이 좋다고 생각했다면 (2)를 하는 것이 좋겠다.

세 가지에 대한 기준이 아직 명확히 서 있는 경우가 아니라면, 이 책에서 추천하는 방법은 (1)이다.

나는 환헤지 상품을 매수하는 것을 그다지 추천하지 않는다. 또 환율과 관련해서 비상상황에서는 환전이 금지될 가능성도 열어둬야 하기에, 외화 자산에 투자할 때는 (1)과 같은 해외 ETF를 직접 매수하는 것을 추천한다. 국민연금조차도 환헤지를 거의 하지 않고 그대로 수백조 원 이상을 열어놓고 있음을 염두에 두자.

그 이유는 세금 때문이다. 먼저 해외 상장 ETF의 경우에는 매수·매도를 통해 수익을 냈다면 그 수익에 대해 '250만 원 공제' 후 22%의 세금을 내야 한다. 22%의 세금은 미국의 금투세율로 보면 될 것이다. 따라서 수익액과 상관없이 일괄적으로 22%의 세금을 내므로, 복리 장기 투자를 통해서 수익이 막대히 증가하는 경우에 22%의 세금만을 낸다는 것은 축복에 가깝다.

국내 상장한 복제 ETF는 셈법이 좀 복잡하다. 국내 주식은 애초에 양도세 비과세 대상이므로(대주주가 아닌 한) 국내 주식 ETF는 세금을 내지 않지만, 해외 상장한 주식, 인버스나 레버리지 등의 ETF는 과세를 한다. 핵심은 이 수익을 '배당세'로 보고 2,000만 원 이하까지는 15.4%를 내나, 그 이상부터는 금융소득종합과세 대상으로 적용한다는 것이다. 즉, 종합소득세를 내는 것과 같다. 그리고 종합소득세의 최고 세율은 49.5%이므로 수익액이 상당히 커지는 경우에는 세금도 무시무시한 금액이 된다.

 따라서 금액이 아주 작을 때 정도만 국내 상장한 복제 ETF를 쓰는 것이 낫다. 애초에 복제 ETF를 하는 것은 환헤지(H) 상품 때문이지 다른 이유는 없다. 뭐하러 오리지널이 있는데 가품을 쓴단 말인가? 또 주식 투자 세법과 관련해서 미국과 일본이 가장 선진화되어 있다고 평소 생각해 온 내 입장에서는, 한국의 금융 투자는 결국 금융종합과세로 인해서 수익이 절반으로 내려갈 가능성을 항상 열어둬야 한다는 점에서 미국 ETF에 직접 투자하는 것을 추천하고 있다.

 미국의 가장 대표적 지수 ETF들은 다음과 같다. 2025년 기준으로는 추가로 몇 가지 투자 아이디어가 있고 ETF를 통해서 이를 실현할 수도 있을 것이다. 초장기 투자의 기본 ETF로 구성하는 것이 적절하다. 각각에 대해서는 다음 절부터 설명할 것이다.

- SPY S&P 500 추종
- VOO S&P 500 추종
- IVV S&P 500 추종
- VTI 미국 시장 전체
- VT 세계 시장 전체
- QQQ 나스닥 추종
- IWM 미국 러셀 2,000지수 추종

참고 자료

미국 ETF를 살 것인가 국내 상장 ETF를 살 것인가?: www.hankyung.com/article/2024070557755

수익률 좋은 ETF, 세금도 아껴보자: www.mk.co.kr/news/stock/10983418

S&P 500 기반의
지수형 ETF 비교

'스파이'라고 불리는 SPY SPDR S&P 500 ETF Trust ETF는 ETF의 제왕이다. 1993년 1월 출시했으며, 역사상 가장 오래된 S&P 500 기반의 ETF다. 이 ETF의 운용사는 스테이트 스트리트 글로벌인데 State Street Global Advisors: SSGA, ETF가 갖춰야 할 점을 가장 잘 갖추고 있다고 하겠다.

먼저 가장 큰 ETF에 걸맞게 유동성이 풍부하고, 연 4회 배당을 한다. 보수율은 0.09%로 다른 ETF보다는 조금 높은 편이다. 그래서 SPY는 보유 현금이 많고 유동성이 많은 사람에게 적합하다. SPY ETF의 운용 자산 Asset Under Management: AUM은 2025년 5월 1일 기준 5,726억 달러이다. 수수료율이 비싼 편이다.

VOOVanguard S&P 500 ETF는 세계 최대 운용사 중 하나인 뱅가드Vanguard가 2010년 9월 출시한 ETF다. 2025년 5월 1일 기준 운용 자산은 5,908억 달러이며, SPY와 함께 가장 유명한 ETF 중 하나다. SPY와 추종 지수는 동일한데 보수율이 0.03%로 매우 낮다. 이는 동종 유사 ETF의 0.75% 대비보다도 낮은 것이어서, 장기 투자를 하는데 운용 보수를 고려한다면 VOO가 매우 적합해지는 이유다.

세 번째는 IVViShares Core S&P 500 ETF로, 운용사는 세계 최대인 블랙록BlackRock이다. 블랙록의 ETF들은 모두 앞에 iShares가 붙어서 쉽게 구분할 수 있다. IVV 역시 운용 수익률이 0.03%로 매우 저렴하고, 2000년 5월에 출시하였다.

사실 S&P 500 기반의 이들 ETF 간에 실효성 차이는 거의 없다. 이들 기업은 말 그대로 S&P 500 지수를 기반으로 하고 있으며, 어느 ETF 할 것 없이 거래 유동성이 높아서다. 이들 ETF가 보유한 주식들 중 상위 30대 기업 목록은 다음 쪽 표와 같다. IVV를 기반으로 작성했으며, 2025년 5월 1일 기준이다.

시총 상위를 차지하는 기업은 애플이고, 다음이 마이크로소프트다. 시총 1위를 어느 기업이 하느냐에 따라서 여러 가지 이야기가 있는데, 확실히 AI 쪽에서 다소 앞서가는 마이크로소프트가 미국 주식 시가 총액 1위를 기록했다는 점에서 시사점이 높다. 미국 S&P는 정보통신IT 분야의 비중이 매우 높다. 종목 수로도 그렇지만 비중으로도 그렇다.

상위 10대 기업이 애플, 마이크로소프트, 엔비디아, 아마존, 메타플랫폼스, 버크셔헤서워이 B주, 알파벳(클래스A), 브로드컵, 테슬라, 알파벳(클래스C)이다. 이 중에 Tech가 아닌 기업은 버크셔뿐이다.

No	티커	기업명	섹터	자산군	시총(달러)	비중(%)
1	AAPL	APPLE INC	Information Technology	Equity	37,788,446,394.48	6.73
2	MSFT	MICROSOFT CORP	Information Technology	Equity	37,292,071,617.60	6.64
3	NVDA	NVIDIA CORP	Information Technology	Equity	32,232,177,912.81	5.74
4	AMZN	AMAZON COM INC	Consumer Discretionary	Equity	21,154,895,715.60	3.77
5	META	META PLATFORMS INC CLASS A	Communication	Equity	14,776,682,374.80	2.63
6	BRKB	BERKSHIRE HATHAWAY INC CLASS B	Financials	Equity	11,460,757,608.93	2.04
7	GOOGL	ALPHABET INC CLASS A	Communication	Equity	11,094,913,396.80	1.97
8	AVGO	BROADCOM INC	Information Technology	Equity	10,907,330,306.11	1.94
9	TSLA	TESLA INC	Consumer Discretionary	Equity	9,256,903,324.20	1.65

No	티커	기업명	섹터	자산군	시총(달러)	비중(%)
10	GOOG	ALPHABET INC CLASS C	Communication	Equity	9,075,065,525.30	1.62
11	JPM	JPMORGAN CHASE & CO	Financials	Equity	8,140,564,970.93	1.45
12	LLY	ELI LILLY	Health Care	Equity	7,378,374,591.30	1.31
13	V	VISA INC CLASS A	Financials	Equity	6,959,382,935.85	1.24
14	NFLX	NETFLIX INC	Communication	Equity	5,717,484,511.57	1.02
15	XOM	EXXON MOBIL CORP	Energy	Equity	5,429,871,774.54	0.97
16	MA	MASTERCARD INC CLASS A	Financials	Equity	5,249,658,505.14	0.93
17	COST	COSTCO WHOLESALE CORP	Consumer Staples	Equity	5,229,484,870.40	0.93
18	WMT	WALMART INC	Consumer Staples	Equity	4,983,024,914.88	0.89
19	PG	PROCTER & GAMBLE	Consumer Staples	Equity	4,423,622,978.00	0.79
20	JNJ	JOHNSON & JOHNSON	Health Care	Equity	4,385,311,857.16	0.78
21	UNH	UNITEDHEALTH GROUP INC	Health Care	Equity	4,348,269,913.68	0.77
22	HD	HOME DEPOT INC	Consumer Discretionary	Equity	4,197,121,542.10	0.75
23	ABBV	ABBVIE INC	Health Care	Equity	4,024,867,823.76	0.72
24	KO	COCA-COLA	Consumer Staples	Equity	3,254,913,622.14	0.58
25	BAC	BANK OF AMERICA CORP	Financials	Equity	3,136,555,265.61	0.56
26	PM	PHILIP MORRIS INTERNATIONAL INC	Consumer Staples	Equity	3,117,919,975.65	0.55
27	CRM	SALESFORCE INC	Information Technology	Equity	3,039,455,035.85	0.54
28	PLTR	PALANTIR TECHNOLOGIES INC CLASS A	Information Technology	Equity	2,808,792,674.80	0.50
29	WFC	WELLS FARGO	Financials	Equity	2,785,047,299.98	0.50
30	ORCL	ORACLE CORP	Information Technology	Equity	2,783,207,987.08	0.50

자료: IVV

나스닥 기반의
지수형 ETF 비교

　미국 기술주인 나스닥NASDAQ 중심의 ETF들도 알아보자. 나스닥 ETF 중 가장 유명한 ETF는 QQQ다. QQQ는 인베스코Invesco가 만든 ETF로 1999년 설정되었고, 추종 지수는 나스닥 100 종목을 기준으로 한다. 나스닥에 상장한 기업들 중 금융 기업을 제외한 종목들로 구성되어 있고, 운용 보수는 0.2%다. SPY 다음으로 유동성이 풍부해서 거래하는 데 아무리 큰 금액이라도 개인이 불편함을 느낄 가능성이 전혀 없는 사이즈다. 보수율이 다소 높다.

　두 번째는 QQQM인데, 이 역시 인베스코가 2020년 만든 ETF다. QQQM도 QQQ와 추종하는 지수가 동일하게 나스닥 100 종목인데, 이 상품이 출시된 이유는 QQQ보다 운용 보수를 더 낮춰서 장기 투자자에게 유리하도록 하기 위해서다. QQQ에 비해서는 거래 유동성이 당연히 적고, 옵션 및 파생상품 시장도 덜 활성화되어 있다. QQQM은 나스닥을 장기 투자하는 사람에게 적합하니, 자녀 등에게 미성년기에 증여하고 상품 가입할 때는 이런 ETF를 운영하는 것이 좋다.

QQQJ는 뭘까? 이 역시 인베스코가 만든 것으로 Invesco NASDAQ Next Gen 100 ETF라 한다. 즉 시총 상위 100위까지가 아니라 101~200위의 기업들로 ETF를 만든 것이다. 보수율은 0.15%에 해당한다. QQQ에는 현재의 성장주와 대장주가 담겨 있다면, QQQJ는 지금은 아니지만 미래의 대장주를 꿈꾸는 기업들이 포함되어 있다고 할 수 있다.

QQQ에는 애플, 마이크로소프트, 아마존, 엔비디아 등이 있지만, QQQJ에는 온세미컨덕터, 크라우드스트라이크, 줌 등이 포함되어 있다. 중소형 기술 기업이라고 보면 편하다.

No	기업명	티커	섹터	주식 수	시총(달러)	비중(%)
1	Alnylam Pharmaceuticals Inc	ALNY	Health Care	49,609	12,656,744.17	2.209
2	eBay Inc	EBAY	Consumer Discretionary	178,575	12,084,170.25	2.109
3	Monolithic Power Systems Inc	MPWR	Information Technology	18,699	11,249,879.37	1.963
4	Tractor Supply Co	TSCO	Consumer Discretionary	203,502	10,246,325.70	1.788
5	VeriSign Inc	VRSN	Information Technology	36,226	10,132,412.20	1.768
6	Expand Energy Corp	EXE	Energy	89,091	9,214,682.13	1.608
7	Check Point Software Technologies Ltd	CHKP	Information Technology	42,174	9,026,501.22	1.575
8	United Airlines Holdings Inc	UAL	Industrials	125,442	8,675,568.72	1.514
9	Trip.com Group Ltd ADR	TCOM	Consumer Discretionary	134,369	7,978,831.22	1.392
10	Argenx SE ADR	ARGX	Health Care	12,261	7,845,813.90	1.369
11	Natera Inc	NTRA	Health Care	51,761	7,834,544.96	1.367
12	Zoom Communications Inc	ZM	Information Technology	100,592	7,770,732.00	1.356
13	Liberty Media Corp-Liberty Formula One	FWONK	Communication Services	85,320	7,671,974.40	1.339
14	Steel Dynamics Inc	STLD	Materials	57,493	7,491,050.49	1.307
15	Expedia Group Inc	EXPE	Consumer Discretionary	47,215	7,458,081.40	1.302
16	Super Micro Computer Inc	SMCI	Information Technology	227,232	7,437,303.36	1.298
17	Seagate Technology Holdings PLC	STX	Information Technology	81,104	7,300,171.04	1.274
18	Nutanix Inc	NTNX	Information Technology	102,743	7,285,506.13	1.271

No	기업명	티커	섹터	주식 수	시총(달러)	비중(%)
19	PTC Inc	PTC	Information Technology	46,074	7,203,209.16	1.257
20	SS&C Technologies Holdings Inc	SSNC	Industrials	94,912	7,181,991.04	1.253
21	Grab Holdings Ltd	GRAB	Industrials	1,497,965	7,145,293.05	1.247
22	Okta Inc	OKTA	Information Technology	62,628	7,005,568.08	1.223
23	NetApp Inc	NTAP	Information Technology	78,025	7,001,183.25	1.222
24	Ulta Beauty Inc	ULTA	Consumer Discretionary	17,753	6,975,686.29	1.217
25	Summit Therapeutics Inc	SMMT	Health Care	282,692	6,974,011.64	1.217
26	Elbit Systems Ltd	ESLT	Industrials	17,024	6,880,930.56	1.201
27	Insulet Corp	PODD	Health Care	26,875	6,725,468.75	1.174
28	Dollar Tree Inc	DLTR	Consumer Staples	82,400	6,696,648.00	1.169
29	CyberArk Software Ltd	CYBR	Information Technology	18,859	6,640,253.90	1.159
30	Casey's General Stores Inc	CASY	Consumer Staples	14,226	6,480,512.04	1.131
31	Sprouts Farmers Market Inc	SFM	Consumer Staples	37,746	6,479,478.36	1.131
32	Docusign Inc	DOCU	Information Technology	77,317	6,251,079.45	1.091
33	DraftKings Inc	DKNG	Consumer Discretionary	187,586	6,239,110.36	1.089
34	Cooper Cos Inc/The	COO	Health Care	76,546	6,210,942.44	1.084
35	Gen Digital Inc	GEN	Information Technology	236,172	6,046,003.20	1.055
36	Evergy Inc	EVRG	Utilities	88,148	6,031,967.64	1.053
37	JD.com Inc ADR	JD	Consumer Discretionary	183,358	6,023,310.30	1.051
38	Duolingo Inc	DUOL	Consumer Discretionary	14,936	5,974,400.00	1.043

No	기업명	티커	섹터	주식 수	시총(달러)	비중(%)
39	Alliant Energy Corp	LNT	Utilities	98,363	5,955,879.65	1.039
40	Sanofi SA ADR	SNY	Health Care	110,021	5,952,136.10	1.039
41	Rivian Automotive Inc	RIVN	Consumer Discretionary	429,912	5,915,589.12	1.032
42	Trimble Inc	TRMB	Information Technology	94,118	5,886,139.72	1.027
43	F5 Inc	FFIV	Information Technology	22,077	5,867,404.29	1.024
44	Western Digital Corp	WDC	Information Technology	133,175	5,853,041.25	1.021
45	Royalty Pharma PLC	RPRX	Health Care	165,897	5,388,334.56	0.94
46	Monday.com Ltd	MNDY	Information Technology	19,101	5,293,460.13	0.924
47	Affirm Holdings Inc	AFRM	Financials	106,158	5,281,360.50	0.922
48	First Solar Inc	FSLR	Information Technology	41,022	5,192,154.54	0.906
49	Flex Ltd	FLEX	Information Technology	146,677	5,185,031.95	0.905
50	United Therapeutics Corp	UTHR	Health Care	17,187	5,050,399.95	0.881

자료: QQQJ

레버리지 ETF에
절대 투자하지 말아야 하는 이유

S&P 500 중심으로는 SPY, IVV, VOO를 살펴봤고, 나스닥 중심으로는 QQQ, QQQM, QQQJ를 살펴봤다. 그런데 우리는 TQQQ나(QQQ의 3배라는 의미의 Triple QQQ) QLD(Ulatra QQQ로 2배 레버리지 ETF)와 같은 레버리지 ETF를 투자하는 사람들을 종종 보게 된다. S&P 500도 레버리지 ETF들이 있는데, SSO_{ProShares Ultra S&P 500}와 같은 2배짜리부터 SPXL_{Direxion Daily S&P 500 3X Shares}과 같은 3배 레버리지도 존재한다.

이처럼 많은 한국인이 해외 지수에 장기 투자를 할 때, 지수 ETF보다 레버리지 ETF를 선호하는 것을 보곤 한다. 사실 레버리지 ETF는 지수처럼 천천히 변하는 가격들을 볼 때면 당연히 드는 생각이지만, 근본적으로 레버리지 ETF는 장기 투자를 하면 '필망(반드시 망한다)'으로 가게 된다. 필망? 그렇다. 레버리지 ETF를 장기 투자하면 사실상 0으로 향해서 꾸준히 내려가는 경향이 있다. 이를 '기하평균의 특성'이라고 부른다.

기하평균의 특성이란 무엇일까?

먼저 지수가 A% 상승했다가 다시 A%만큼 하락했을 때, 지수의 변화를 수식으로 처리하면 1에서 시작한 지수가 A% 상승 시에는 (1+A)가 되고, 여기서 다시 A% 하락 시에는 (1-A)가 된다. 따라서 A만큼 상승하고 다시 A만큼 하락한 경우에는 원래 지수=(!+A)×(1-A)=1-A^2(제곱)이 된다. 만약 10%라고 한다면 지수=(1+0.1)(1-0.1)=1-0.01=0.99가 된다. 따라서 이때 지수는 +10%, -10% 하락하면 기하평균의 특성 법칙으로 1%씩 하락하게 된다.

그런데 2배 레버리지를 하면 어떻게 될까? 같은 방식으로 이때는 2A만큼의 변화가 발생한다. 따라서 (1+2A)×(1-2A)=1-4A^2 식으로 변하게 된다. 만약 10%라고 가정해 보자. 그렇다면 (1+0.2)×(1-0.2)=1-0.04=0.96이 된다. 즉, 4%만큼 하락한 셈이다.

3배 레버리지는 같은 방식으로 9% 하락하게 된다. 즉, 기본적인 지수는 +10% 상승하고 -10% 하락해서 실제로는 1%만큼 변했지만, 3배 레버리지 ETF의 잔고는 1% 하락이 아니라 9% 하락으로 9배 커지는 셈이다. 3배가 아니라는 의미이고, 동일한 상승 하락을 반복하면 할수록 이것이 확대되어서 점점 원금이 녹게 된다.

그래서 레버리지 ETF는 정말 최소한의 기간 동안 지수에 단기 투자할 목적이 아니라면 원칙적으로 절대 해서는 안 되는 투자다.

아래는 이러한 변화를 ChatGPT를 써서 그린 것이다. 레버리지 ETF 중 3배짜리의 경우, 30번만 이것이 반복되어도 원본의 20% 수준으로 급락한다. 그렇다면 실제로 레버리지 ETF와 본 지수가 어떤지 살펴보도록 하자.

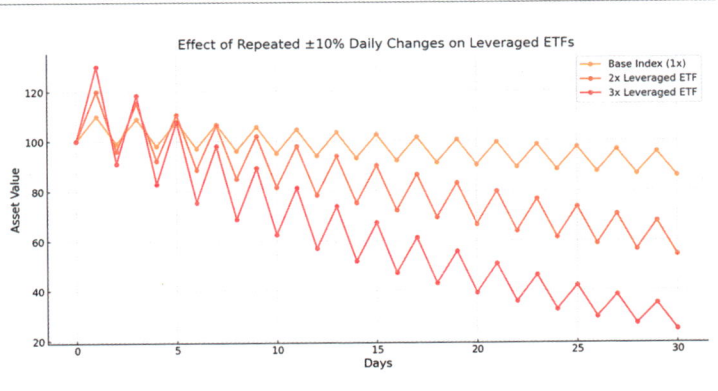

출처: investing.com

이 글을 작성하는 시점은 2025년 5월이다. 현 시점 기준 지난 1년간의 나스닥 100 지수NDX 100 index의 움직임과 3배 레버리지인 TQQQ의 추세를 비교하자. 아래 그림을 보면, 나스닥 지수는 1년

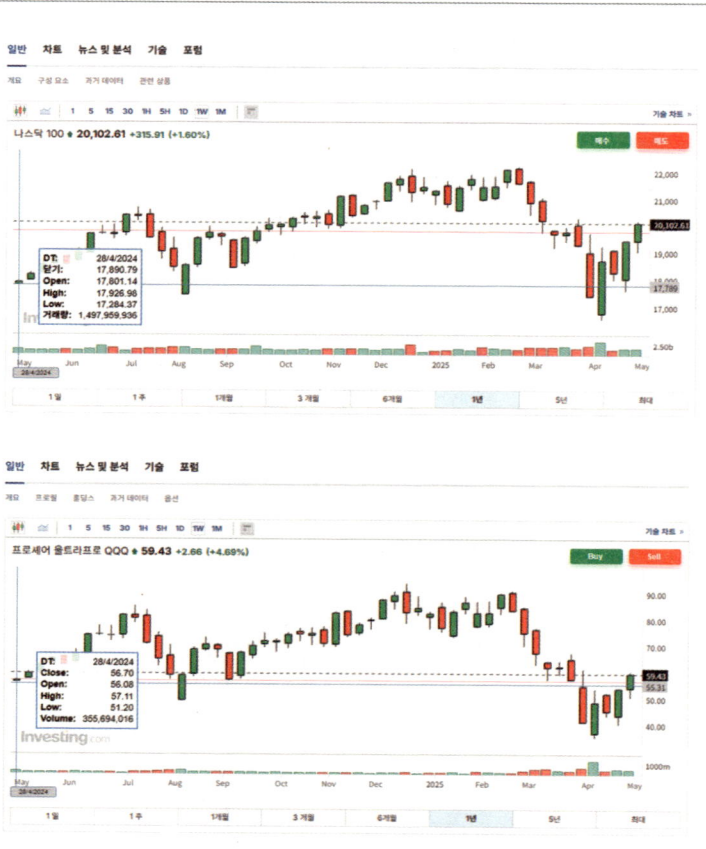

출처: investing.com

전 기준 17,890이었으며(종가 기준) 현재 20,102로 12.3% 상승하였다. 지수 자체는 이렇게 움직인 것이다. 그런데 지난 1년간 TQQQ는 나스닥 지수가 12% 상승했음에도 불구하고 상승·하락을 반복하였기 때문에 1년 전 56.70에서 현재 59.43으로 4.8% 상승하는데 그쳤다.

6개월간을 비교하면 더 차이가 난다.

출처: investing.com

나스닥 지수가 6개월간 시작가 20,042로 시작하고 6개월 후 종가가 20,102로 가격 변화가 거의 없이 유지되는 동안, 아래 그림처럼 3배 레버리지인 TQQQ는 70.64로 시작하고 59.43으로 마무리했다. 이는 6개월 전 대비 16% 하락한 것이다.

출처: investing.com

물론 레버리지 ETF는 지수가 상승하면 더 큰 상승을 한다. 그러나 문제는 지수가 1년 내내 상승만 하지는 않는다는 것이다. 특히 지수의 변동성이 높아지는 구간에서는 앞서 보았듯이 20% 상승하고 20% 하락하게 된다면, 그때는 원금이 더 크게 녹아버린다. 따라서 레버리지 ETF는 시간을 길게 잡고 투자할수록, 즉 장기 투자를 할수록 사실상 제로로 수렴하는 경향이 있는데, 많은 원자재 레버리지 ETF들이 이러한 경향을 보이곤 한다. 다행스러운 것은 미국 지수는 '구조적 성장'을 하는 성장주적 면모가 있어서 그런 경향은 없지만, 근본적으로 이와 같은 구조는 레버리지 ETF 전체에 적용이 된다.

그래서 '지수 ETF'라고 해서 레버리지에 투자하는 것은 절대로 하지 말아야 할 행위다. 이는 시간을 투자하긴 하지만 0으로 갈 자산을 투자하는 것과 마찬가지이기 때문이다. 부동산에서 종종 나오는 "원수에게 추천하라고 지산, 생숙, 지주택이 있다."라는 말이 있다. 지산은 지식산업센터, 생숙은 생활형숙박센터, 지주택은 지역주택조합의 약어인데, 제대로 알아보지 않고 투자하면 실패하기 딱 좋은 부동산의 대표 사례이다. 레버리지 ETF도 마찬가지여서 원수에게나 추천해야 한다.

특히 개별 종목 레버리지 ETF는 더욱 심각하다. 한국인에게 가장 인기 높은 해외 주식인 테슬라의 경우에는 3배 레버리지인 3TSL이 있다. 테슬라 주가가 1년 전(2024년 5월 1일 기준)에 181달러, 최대 421달러, 현재 287달러인데 3TSL은 1년 전 1,135달러, 고점일 때 6,940달러, 지금은 818달러이다. 즉, 고점에서 매수했다면 -80% 수준이라는 의미다. 이마저도 최근 테슬라 주가가 회복됐는데도 그렇다. 즉, 레버리지 ETF는 항상 '양봉'만 나와야지 '음봉'이

한 번이라도 나오면 원금 손실이 발생한다.

하지만 세상에 양봉만 존재하는 자산이 어디 있단 말인가? 그런 의미에서 레버리지 투자는 반드시 하지 말아야 한다. 그래야 해외 자산이 장기 우상향할 것이다.

참고 자료

머니투데이 "3배 테슬라 올라탄 서학개미, -76% 날벼락… 매도 못 해 비명만"
news.mt.co.kr/mtview.php?no=2025031213305262002

'목표일 펀드'의
개념과 생애 주기 투자 방법

투자 전략에 대해 고민할 때, 대상의 연령은 제1 고려 요소가 된다. 왜냐하면 나이에 따라서 자산 배분 전략을 다르게 갖고 가는 것이 매우 합리적이어서다. 사실 젊었을 때는 소득이 적고 나이가 들면서 소득이 증가하는 구조이나, 반대로 은퇴를 하고 나면 현금 흐름이 감소한다.

한편 위험 수용 성향도 연령에 따라 다르다. 혼자이던 20~30대 시절과, 가족이 모두 있는 50~60대 시절의 위험 수용 성향이 같을 수가 없다. 따라서 기본적으로 자산 배분 전략은 연령이 제1 요소여야 한다.

그런데 이런 개념을 토대로 퇴직연금을 운용하는 방법론이 있다. 그것은 바로 '목표일 펀드'라고 하는 TDF Target Dated Fund다. 가령 2050년에 은퇴를 하는 사람이다? 그렇다면 상품명으로 TDF 2050 등으로 표기된 펀드에 가입하는 식이다.

TDF는 주로 퇴직연금을 적극적으로 운용하는 미국에서 가장 크게 자리 잡은 방식 중 하나로 알려져 있는데, TDF가 지향하는 것을 그림으로 그려보면 아래와 같다.

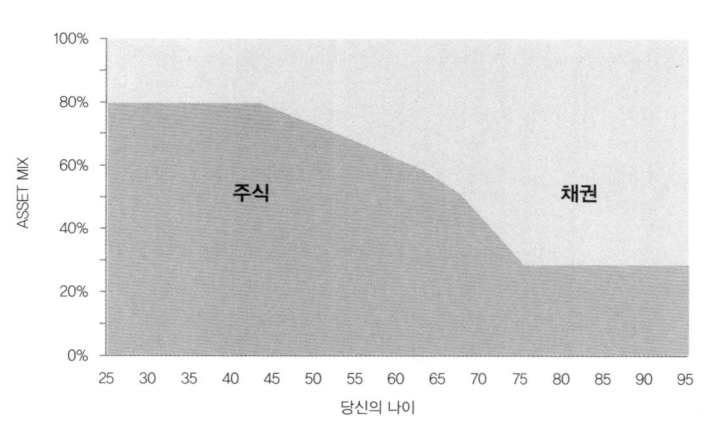

주: TDF의 개념, 저연령은 높은 주식을, 고연령은 채권 중심으로 분배한다.

쉽게 설명하면 연령대가 적어서 은퇴 시점이 늦을수록 위험 자산 편입 비중을 높이고, 은퇴 시점이 임박한다면 위험 자산보다는 채권 편입 비중을 높이는 것이다. 그런데 이를 자기의 연령에 맞게 '타깃'하여 가입하는 식이다. 물론 개인이 개별 은퇴일을 매우 상세하게 지정할 순 없지만, 이를 응용할 수 있다.

가령 KODEX TDF 2030과 2050을 비교해 보자.

2030은 2030년 은퇴자를 대상으로, 2050은 2050년 은퇴자를 대상으로 한다. 따라서 현재 40대인 경우에는 2050 상품이 적합하다고 할 것이다.

먼저 2030 은퇴 상품을 살펴보면 아래 표와 같다.

종목	티커	기준가(달러)	비중(%)
Vanguard Total World Stock ETF	VT US Equity	871.23	23.73
KODEX 종합 채권(AA-이상) 액티브	273130	930	17.06
KODEX 국고채 10년 액티브	471230	697	12.34
SPDR Portfolio MSCI Global STO	SPGM US Equity	837.38	12.28
KODEX 국고채 30년 액티브	439870	611	11.75
KODEX 단기 채권 PLUS	214980	431	7.62
iShares MSCI ACWI ETF	ACWI US Equity	222.38	6.06
KODEX 국고채 3년	114260	534	5.16
KODEX 미국 배당 커버드콜 액티브	441640	2,125	3.99

자료: 삼성자산운용

뱅가드 토털인 주식형이 가장 많은 비중인 23.73%를 차지하지만, 그다음부터는 국고채 10년, 국고채 30년, 단기 채권, 국고채 3년 등 채권 중심이다.

은퇴 시점이 2050년인 사람들을 위한 KODEX TDF 2050을 보자.

종목	티커	기준가(달러)	비중(%)
Vanguard Total World Stock ETF	VT US Equity	1,077.91	26.33
SPDR Portfolio MSCI Global STO	SPGM US Equity	1,964.93	25.85
iShares MSCI ACWI ETF	ACWI US Equity	803.97	19.66
KODEX 종합 채권(AA-이상) 액티브	273130	489	8.05
KODEX 국고채 10년 액티브	471230	362	5.75
KODEX 국고채 30년 액티브	439870	322	5.55
KODEX 단기 채권 PLUS	214980	225	3.57
INVESCO NASDAQ 100 ETF	QQQM US Equity	65.28	2.78
KODEX 국고채 3년	114260	283	2.45

자료: 삼성자산운용

이 경우 주식형인 VT가 1위로 26.33% 비중, 2위도 주식형인 SPGM이 25.85%, 3위도 주식형인 ACWI로 19.66%다. 4위부터가 채권인데 총 채권 비중을 약 25% 미만 수준으로 운영하고 있다.

궁극적으로 TDF가 지향하는 바는 개인의 자산 구조를 연령에 맞게 변화시키는 것이다. 그리고 TDF 운용을 통해서 개인의 자산 상태에 대한 구조는 아래처럼 변화한다. 저연령 시기에는 인적 자본 비중이 높지만, 고연령 시기에는 금융 자본 비중이 높은 상태로 변화하는 것이다.

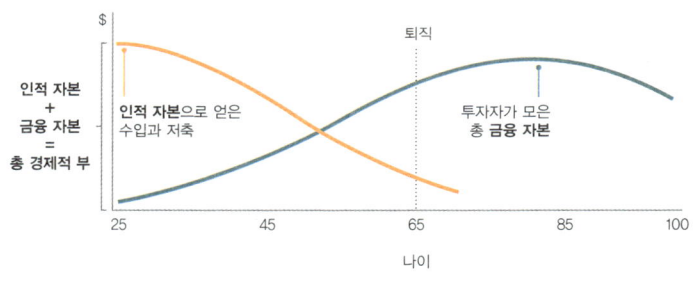

● TDF의 이론적 기초가 되는 생애 주기와 인적/금융 자본

자료: Vanguard, 키움증권 리서치센터

결국 자산이 적은 시기일수록 인적 자본을 활용해서 소득을 폭발적으로 높이는 노력이 필요하고, 고연령으로 갈수록 금융 자본을 중심으로 현금 흐름을 짱짱하게 관리할 줄 알아야 한다.

이와 정반대로 가는 것이 젊은 시절에 인적 소득을 높이는 것이 아니라, 금융 소득을 높이기 위해서 자기 시간을 할애하는 것이다.

그런 방식으로는 젊은 시절의 소득 증가분을 충분히 향유하지 못하고, 높은 소득을 만들지 못한 채 40대 중반 이후로 넘어갈 가능성이 없지 않다. 따라서 생애 주기별 자금 관리에서의 핵심을 3개로 요약하면 다음과 같다.

- 젊을 때는 투자에 시간을 쏟지 말고 연봉 상승에만 시간을 쏟아라.
- 40대가 되면 자산 배분을 시작하고 복리 투자를 하라.
- 60대에 부자가 되어서 은퇴하라.

이것이 TDF 투자 방법론의 큰 흐름이다.

Chapter 4

주식은
안 하는 것이 낫다?

01

투자와 위험
그리고 수익률

"요즘 30대는 주식이라고 하면 미국 주식이 기본이며 한국 주식은 잘 쳐다도 보지 않는 경향이 있고, 비트코인이라고 하면 코인이 아니라 '디지털 S&P'라고 부른다."라는 글을 X(옛 트위터)에서 본 적이 있다. 어쩌면 그만큼 미국 주식이 한국 투자자들에게 친숙해졌고, 나이가 젊을수록 더 그런 경향을 보인다는 점을 알 수 있는 포스팅이 아닌가 한다.

바야흐로 대주식의 시대다. 국내 주식, 해외 주식을 합치면 약 2,000만 명이 실질적인 주식 투자자라 할 것이다. 부동산의 경우에는 자가를 소유한 사람이 부동산 자산을 매입한 투자자라 할 수 있고, 그 수는 1,561만여 명에 이른다. 2022년 대비 2023년에만 약

30만 9,000명이 증가한 수치이다. 이는 공동 소유를 포함한 개념이므로 가구 수로 따지는 것이 적합할 수도 있는데, 가구 수로 보더라도 한국 가구의 58%, 즉 1,245만 가구가 주택을 소유하고 있다.

자료: 주택 소유 통계

주식 투자자 2,000만 명, 자가 가구주 1,200만 명대의 시대에서 투자의 개념을 다시 말하는 것이 필요할까 싶지만, 기본부터 짚어 나가야 하기에 재정리를 해본다.

통상 자산은 두 가지로 분류된다. 첫째는 위험 자산이고, 두 번째는 안전 자산이다. 여기서 위험과 안전에 대한 시장의 인식은 용어와는 좀 다른데, 가령 주식은 위험 자산이고 부동산은 안전 자산이라고 생각하는 경향이 없지 않다.

내가 부동산 분야에 관련된 사람들을 오래 만나면서 자주 들었던 얘기는 "집을 사는 것은 안전하다고 생각하는 반면, 주식을 사는 건 위험하다고 생각하는 사람들이 적지 않다."는 것이다. 물론 그러한 생각 자체가 잘못되었다고 지적하려는 것은 아니다. 시장은 종종 위험을 높은 변동성이라고 생각하는 경향이 존재하더라는 것이다. 물론 이것도 틀린 것은 아니다.

안전 자산은 무엇일까? 투자 세상에서 안전 자산이란 '무위험'을 의미하고, 무위험이란 결국 '원본 손실'의 위험이 없음을 의미한다. 이것이 핵심인데, 안전하다는 것은 변동성이 낮다는 것이 아니라 원본 손실의 위험이 없는 것이다. 가장 대표적인 것이 현금이며, 예금도 원본 손실의 위험이 없다. 오히려 이자가 붙는다.

안전 자산의 범위를 좀 더 확대하면 만기까지 보유할 채권(만기 전 보유 채권은 가격 등락이 있어서 안전하다고 보기 어려움) 등도 여기 해당한다. 만기 전 채권은 안전 자산이 아니다. 왜냐하면 금리에 따라서 채권 가격이 상당히 변하기 때문이다. 오직 만기까지 들고 갈 때야만 안전하다고 할 수 있다.

그런데 여기까지는 자산의 대상에 따른 구분이고, 자산을 표시하는 화폐를 기준으로 하면 또 다른 접근이 나온다. 가령 '원화'냐

'외화'냐를 살펴보자. 즉 원화 표시 자산인지, 달러 표시 자산인지로 구분해 보는 것이다. 앞서의 현금이나 예금이 '원화 표시'라고 한다면 원화 기준으로는 무위험이지만, 원화 역시 가치가 변하므로 달러 대비로는 가치가 하락하는 위험 자산일 수도 있다. 즉, 안전하냐 위험하냐라는 개념을 좀 더 확장해서, '어느 화폐 기준으로 안전하다고 할 것인가?'에 대한 개념 정립을 해야 한다는 것이다.

사실상 모든 자산이 원화 자산인지 외화 자산인지로 양분될 수 있으므로, 원화 자산은 원화 기준일 때만 안전 자산이지 외화 기준일 때는 위험 자산이 된다. 이것이 핵심이다.

그러면 위험 자산은 무엇일까? 위험 자산에서 '위험'은 안전 자산에서처럼 결국 '원본 손실'의 가능성을 의미한다. 위험 자산이란 원본을 날릴 수 있는 자산이다. 그런데 학술적으로 위험은 종종 '변동성'이라는 것으로도 설명이 되는데, 변동성은 가격의 등락 폭과 주기를 의미한다. 가격이 오르고 내리고를 반복하거나 그 폭이 크다면 위험하다고 하고, 가격 등락 폭과 빈도가 낮다면 덜 위험하다고 한다. 이런 개념이 앞서의 예시처럼 주택은 가격 등락이 주식보다 덜하기에 위험이 낮다는 것의 근거가 된다.

그러나 결국 부동산도 가격의 등락이 있고 원본을 보장해 주지 않기 때문에 위험 자산군에 들어간다. 부동산이 안전 자산이라는 인식이 시장에 만연한 게 사실이지만 이 역시 부동산 시장에 진입한 시기에 따라서 인식차가 있는 것도 사실이다. 그러나 2022년 사태에서처럼 한국 주택 시장도 6개월에 실거래 지수 기준 22% 이상의 급락이 나타날 수 있음이 입증되었다. 따라서 이제는 주택이 안전 자산이라고 보는 것은 어렵다. 미래로 갈수록 주택 역시 위험, 즉 변동성을 상당히 내포한 자산으로 보는 것이 적합해 보인다. 결국 가격이 상승 혹은 하락을 할 수 있는 자산은 모두 위험 자산이다.

그러면 애초에 이런 위험 자산을 원본 손실의 위험을 무릅쓰고서 매입하는 이유는 무엇일까? 위험 자산에서는 안전 자산에서 기대할 수 없을 만큼 큰 수익이 날 수 있기 때문이다. 즉, 무위험일 때는 이자 수익률 정도를 얻는다고 하지만, 주식이든 부동산이든 투자해서 그보다 더 큰 상승이 있을 것이라고 한다면 위험하지만 그 자산을 매입하는 것이다.

위험 자산이 갖는 수익률은 어느 정도일까? 위험 자산의 성격에 따라 기대해 볼 수 있는 수익률은 각각 다른데, 통상 이때 사용하는 수익률이 '기대 수익률'이다. 개별 투자 자산의 기대 수익률은 개별의 이슈가 존재하지만, 통상 시장이나 상품 전체는 그 시장이나 상품의 특성을 준용하는 경향이 있다. 통상 위험할수록 수익률도 높은 경향이 있어서, 이를 '위험-수익 특성Risk-Return Profile'이라고 한다.

주식의 기대 수익은 어떨까? 시기마다 자산마다 다른데, 2025년 S&P 500의 기대 수익률은 약 10%로 평가받는다. 왜일까? 이는 2025년 미국 상장 기업들이 약 15% 수준의 높은 이익 성장을 보일 것이고, 그 이익 성장에 기반한 주가 성과가 나타날 것을 보편적으로 고려했을 때의 기대 수익률이다. 이때 기대 수익률은 무조건 나오는 수익률은 아니다. 2024년에 S&P는 20% 정도 상승했으니 2025년에는 5%만 상승할 수도 있다. 다만 장기간에 걸쳐서 연평균 10% 정도의 수익률을 낼 자산이었다는 의미다. 물론 과거 50년간 그랬다고 미래 50년도 그러리라는 보장은 없다. 그러나 투자란 보장을 받는 것이 아니라 확률에 기반해서 판단하는 것이다.

원금의 안전성을 보장하면서 투자 수익률도 높은 것은 세상에 없다. 높은 확률이냐 낮은 확률이냐만 있을 뿐이다. 그리고 미국 지수는 높은 확률에 해당한다. 이는 장기적 균형 상태에서 이익이 성장하고 주가도 이를 반영할 것이란 점을 근거로 하고 있다.

이처럼 기대 수익률은 어느 국가인가, 어떤 상품인가에 따라서 달라지는데 가장 보편적 상품이라 할 수 있는 주식도 국내 주식과 해외 주식이 있고, 부동산도 국내 부동산과 해외 부동산이 있고, 이 외에 금, 비트코인, 기타 실물 자산 등 다양한 자산이 존재하고 기대 수익률이 있다.

각각의 기대 수익률이 자산군별로 존재하고 장기간 달성할 수 있는 수익률이라고 한다면, 이를 앞서의 노후 소요 자금에 대입해 보면 어떨까? 기대 수익률이 4%, 6%, 8%, 10%라고 할 때, 40대가 적립식으로 장기 투자를 한다고 하면 20년 후 달성할 수 있는 금액은 얼마가 될까?

계산을 위해 현재까지 모은 돈은 없고 지금부터 잘 모아본다고 가정해 보자. 지금까지는 S&P 지수 투자를 하지 않았는데 앞으로 좀 해볼 요량이다. 그래서 미래 20년간 평균 4~10% 사이의 수익률을 기간별로 복리로 계속 낸다는 가정 아래 미래의 자산이 어떻게 될까를 보자는 것이다.

직장인임을 고려해서 월 200만 원이라는 큰 금액을, 그러니까 매년 2,400만 원을 S&P에 20년간 묻고 복리 투자를 하는 경우를 고려해 보자. 월 200만 원씩 20년간을 복리 10%로 투자하는 적립식 투자가 가능하다면 그 금액은 무려 13억 7,460만 원이 된다. 지금까지 모아놓은 돈이 하나도 없더라도 달성을 할 수 있는, 놀라운 금액이다. 투자 금액을 늘려서 월 300만 원을 투자하는 경우에는 그 금액은 다시 더 튀어 올라서 누적 20억 6,190만 원이 된다. 아래 표는 기대 수익률과 투입 금액에 따라 20년을 투자한 결괏값을 보여준다.

월 적립	65세까지의 기대 수익률과 그 결과 금액			
	4%	6%	8%	10%
100만 원	3억 5,800만 원	4억 4,200만 원	5억 5,000만 원	6억 8,800만 원
200만 원	7억 1,500만 원	8억 8,300만 원	10억 9,900만 원	13억 7,500만 원
300만 원	10억 7,300만 원	13억 2,500만 원	16억 4,800만 원	20억 6,200만 원
400만 원	14억 3,000만 원	17억 6,600만 원	21억 9,700만 원	27억 5,000만 원

자료: 채부심

기대 수익률 6%의 자산에만 20년을 넣어도, 월 200만 원을 투자한다면 8억 8,300만 원이 된다. 8% 자산이라면 10억 9,900만 원이 되므로 '10억 부자'의 반열에 올라서게 된다. 이 정도만 돼도 노후를 걱정하지 않아도 된다는 것은 두말할 필요가 없다.

현재 고소득 맞벌이여서 월 400만 원씩 금융 자산을 저축할 수 있고 10%의 수익률이라면 20년 후 27억 5,000만 원을 달성할 수 있을 것이다. 이로써 그들은 60대에 KB 리포트에 실릴 부자가 된다.

물론 이는 명목 값이기에 '실질' 개념과는 다르다. 실제로는 물가 등 인상 요인이 존재하므로 단순 명목적 계산임을 감안하고 바라봐야지 맞다. 그런데 우리나라 역시 실질 1%대 성장과 명목 3%대 성장 국가로 진입했고, 미래 20년을 본다면 2025~2045년이 될 것인데, 이 기간인 2030년대 말부터 성장률이 극도로 낮아질 것이 예상되고 심지어 마이너스 성장을 예상하기도 하고 있다 보니, 미래라고 해서 물가가 무조건적으로 높을 것이라고 생각해선 안 된다. 미래에 어떤 일이 벌어질지는 아무도 모른다. 그러나 복리 수익률로 20년을 간다면 저 숫자가 나온다는 것만은 명확하다.

그런데 앞의 표에서 10%의 칸을 보면 그 위력이 엄청나다는 것을 쉽게 알 수 있다. 장기 평균 10%의 기대 수익률이 있는 자산이 존재할 때, 그때의 투자는 어떻게 될 것인가? 그것은 사실 개인들이 더 이상 다른 투자를 할 필요가 없을 만큼 강력한 투자 대상이 존재함을 의미한다. 솔직히 이런 자산이 장기간 존재하기도 어렵거니와 장기간 존재한다면 다른 것을 굳이 할 필요조차 없다고 할 수 있다. 통상 6% 정도의 장기 평균 수익률을 주더라도 훌륭한 자산이어서다.

그런데 미국 주식은 지난 50여 년간 장기 평균 10%의 자산 상승을 이뤘다. 이런 미국 주식에 투자할 경우에 그 위력이 어떨지 생각해 보면 좋겠다. 장기 평균 10%의 자산에 넣어두고 퇴직을 했다면, 노후에 마당의 잔디를 깎고 맥주 마시면서 야구만 봐도 생활비 걱정 없이 안락하게 지낼 수 있을 것이다.

이제 많은 미국인이 연금 불안을 전혀 느끼지 않는 이유가 S&P의 막대한 성적에서부터 온다는 걸 이해할 수 있을 것이다. 이런 투자도 결국 시간을 들여서 한 투자다. 미국 오크트리캐피털의 회장이자 한국에도 많이 알려진 '하워드 막스'는 한국 유튜브와의 인터뷰에서 투자자들이 가져야 할 생각은 "타이밍timing을 잘 맞추려는 것이 아니라 시간time을 오래 투자해야 한다는 것"이라며 타이밍이 아닌 타임의 중요성을 강조했다. 오를지 내릴지 맞히는 타이밍 재기식 투자보다는, 장기간 동안 투자하고 복리 효과를 보는 복리식 투자에 대한 언급이었다.

결국 투자란 '시간'을 내 편으로 만들 수 있을 때 위력이 정말 강력해진다. 그리고 1%p의 변화가 가지고 오는 힘은 매우 크다.

참고 자료
2023년 주택 소유 통계(2024년 11월 18일)
kostat.go.kr/board.es?mid=a10301010000&bid=11471&act=view&list_no=433790

Barron's
www.barrons.com/articles/sp-500-price-target-2025-057dd37a?utm_source=chatgpt.com

주식 공부가 투자 수익을
높여주지 않는다

1944년 영화 〈가스등Gaslight〉에서 나온 말로 알려진 '가스라이팅'은, 설득력이 높은 누군가가 특정인에게 지속적으로 지배력을 행사하여 판단력을 흐리게 한 뒤 자신이 시키는 일을 해야만 하도록 옭아매는 것을 말한다. 이 기괴한 영화는 아내의 재산을 노리고 온 남자가 온갖 현혹적인 말과 거짓을 통해서 아내를 기만하여 마침내 정신병자로 만든다는 내용이다. 영화 제목처럼 가스등을 어둡게 켜놓고는 아내가 어둡다고 하면 "그건 네가 잘못 보는 거"라고 답변을 하면서 멀쩡한 사람을 정신병에 걸리게 만드는 과정을 담았다.

국내 주식 투자 시장에서도 이처럼 기괴한 '가스라이팅'이 존재한다. 어떤 것들이 존재할까? 먼저 주식 투자에서의 가스라이팅 중 대표적인 것은 주식 투자를 하기 위해서는 무언가를 대단히 많이 공부해야 한다고 설명한다. 특히 "많이 알수록 투자 수익률이 좋아진다."라고 어필하는데, 결과적으로 주식 투자 공부를 본업보다 더 열심히 하는 수준까지 이르게 한다.

공부해야 할 내용들도 널려 있다. 먼저 매크로를 알아야 한다고 한다. 매크로는 거시 경제를 의미하는데, 거시 경제에서는 통화 정책, 재정 정책을 포함해서 다양한 거시 경제 지표에 대한 공부를 하라고 한다. 특히 물가나 고용과 관련한 지표들뿐 아니라, 나중에는 연준의 대차대조표까지 보여준다. 최근에는 13F라고 하는 미국의 공시 자료를 통해서 어떤 방식으로 투자자들이 투자하는지도 알려준다.

미시로 가도 마찬가지다. 개별 섹터의 업황부터 기술, 특히 테크와 관련된 내용은 누가 조사했을지 의심스러울 정도로 깊은 내용이다. 소위 해당 분야의 실제 현업 전문가가 아니고서는 진위를 파악하기 힘들 정도로 복잡한 내용들이 들어간 정보들을 알려준다.

재무제표는 어떠한가? 투자에서 회계가 중요하지 않은 것은 아니지만, 각종 지표나 회계 관련 정보들, 또 데이터들을 가공해서 분석하는 방법을 알려주고, 블룸버그 터미널 혹은 그에 준하는 서비스를 사용해야만 투자가 된다고 말을 한다. 혹은 이를 직접 구입하거나 사용하지 않는다면 자신들의 서비스를 정기 구독하라고 하는 식이다.

뉴스에 주가가 움직이는 것을 보여주면서 매일매일 거의 모든 섹터, 거의 모든 나라의 주요 뉴스들과 주가를 연결시키고, 이를 또 개인들이 다 정리할 수 없으니 구독형으로 몰고 간다.

요점은 결국 '공부하지 않으면 투자로 성공할 수 없다.'라는 것을 '공리'로 인식하게 하고, 거대한 가스라이팅 구조 속에서 개인들의 삶에서 시간을 도륙 내는 방법으로 그들의 시간 비용만큼 수익을 내는 것이 주식 투자 교육 기관들의 주 행태다.

정말 그럴까? 공부를 많이 할수록 주식 투자를 잘할 수 있을까? 애초에 주식 투자를 잘해야 하는 이유란 무엇인가? 앞서 S&P와 같은 지수가 있고, 장기 연율화 수익률이 9%를 넘어간다면 40대에 부자가 될 순 없지만 60대에는 높은 확률로 모두 다 부자가 될 수 있는데, 왜 개별 주식을 직접 투자를 해야 할까? 그렇다면 지금 공부를 하고 투자를 한다면 시장보다 초과수익률을 낼 수 있는 것일까? 그렇게 공부를 해야 한다고 말하는 사람들은 장기(통상 10년 이상)의 기간 동안에 시장을 아웃퍼폼 outperform (애널리스트들의 분석 결과, 특정 주식의 향후 수익률이 시장의 평균 수익률을 상회할 것으로 예상될 때 제시하는 의견) 하는 실력이 있기라도 하단 말인가?

물론 나도 주식 투자와 관련한 교육을 한다. 다양한 개인을 만나면서 이들이 무엇을 원하는지는 충분히 파악하고 있다. 그런데 다른 교육과는 다른 부분이 존재하는데, '개별 주식, 직접 투자할 필요 없다.'가 교육의 결론 중 하나다.

먼저 직접 투자에 대해서 정리해 보자. 사실 많은 개인은 직접 투자를 할 필요가 없다. 투자는 간접으로 해도 된다. 직접 투자를 생각하며 주식에 뛰어들지만, 금액이 커지면 커질수록 직접 그 금액을 운용하는 것이 쉽지 않다. 3억 원만 넘어가도 일 변동 10%라면 3,000만 원이 하락할 수 있으며, 이 정도 금액은 직장인들이 감당하기 쉽지 않은 돈이다.

둘째, 개별 주식에 대한 건이다. 이미 연율 9%가 넘는 시장 지수 투자가 가능하고, 연 12~15%의 배당 수익(세전)이 가능해진 상황에서 이를 상회하는 개별 주식을 찾기가 쉽지 않다. 많은 사람이 개별 주식이 시장보다 무조건 나으리라 생각하는 경향도 있는데 사실 그것도 아니다. 개별 주식의 등락 폭이 시장보다 커서 종목 투자를 하는 기분은 낼 수 있겠지만, 결국 알아보면 개별 주식에 크게 물려서 회복하지 못하고 시장에서 퇴출당한 사람도 부지기수다. 패자는 말이 없고 오직 승자만 떠드는 것이 주식 시장의 특징이다.

결국 개인들은 개별 주식을 직접 투자할 필요 없다. 하지 말아야만 한다, 하면 큰일난다 정도는 아니다. 개별 주식을 해서 시장 지수나 두 자릿수 배당주를 상회할 만한 실력이 있다고 생각하는 사람만 하면 된다. 그런 실력이 없다고 생각하거나 시간이 부족하다면 안 하면 그만이다.

시장의 모든 수익을 낸 것처럼 생각할 필요도 없고, 나에게 필요한 수익률과 속도가 어느 정도인지만 이해한 상황에서 주식을 하면 된다. 이런 기본적인 것들에 대한 개념 파악이 안 된 상태로 시작한 설익은 주식 투자가 향후 투자 전체를 그르친다. 마치 골프에서 스윙을 잘못 배웠는데, 그 잘못된 스윙으로 공이 앞으로 나가니 필드를 나가고, 이것에 대해 지적을 받아보지 못한 채 영원히 늘지 않는 실력으로 골프를 치는 것과 같다.

사실 공부를 열심히 해야 하는 것도 아니다. 개별 주식 투자에서 공부를 하는 것과 수익을 내는 것은 사실 큰 상관이 없다. 기술을 몰라도 기술주 투자가 가능하고, 커피를 몰라도 스타벅스나 더치브로스 투자가 가능하며, 반도체 공장에 들어가본 적 없어도 SK

하이닉스나 마이크론 투자가 가능하고, 피부과를 잘 다녀본 적 없어도 의료 기기나 리쥬란 관련주 투자가 가능하고, 의사가 아니어도 알테오젠이나 삼성바이오로직스 주식에 투자를 할 수 있다고 한다. 또 근본적으로 이렇게 개별 주식을 '굳이' 해야 할 이유가 없다는 것이 내가 하는 교육의 코어 중 하나다.

노벨 경제학상을 수상한 폴 크루그만이 2020년 초 코로나19 위기로 시장이 급락하고, 이후 미국 주식 시장이 급반등하자 〈뉴욕타임스〉에 칼럼을 기고했다. 코로나19 위기의 한복판에서 경제 상황은 매우 심각한데 주식 시장이 상승하는 것에 대한 내용이다. 그 칼럼의 핵심은 딱 세 가지 원칙만 기억하라는 것인데, "첫째 원칙, 주식 시장은 경제가 아니다. 둘째 원칙, 주식 시장은 경제가 아니다. 셋째 원칙, 주식 시장은 경제가 아니다."였다. 바로 여기서 "주식 시장은 경제가 아니다 Stock market is not the economy."라는 유명한 구절이 나왔다.

노벨 경제학상 수상자가 주식과 경제가 다르다는 것을 설명하는 부분인데, 실제로 그렇다. 주식은 경제가 아니다. 즉, 주식은 개별 기업의 펀더멘털로만 설명할 수 없으며, 시간이라는 개념이 들어간 자산이다. 따라서 같은 펀더멘털을 반영했는지 안 했는지에 따라서 주가가 다르고, 그 강도도 다르다. 즉, 주가는 주가이고 기업은 기업이다.

그런데 기업을 공부하면 주식을 잘할 수 있으리라는 생각은, 마치 경제를 잘 공부하면 시장을 잘 알게 된다는 것과 같은 이치다. 투자는 투자고 경제는 경제고 기업은 기업이다. 따라서 개별 주식 투자를 위해서 개별 기업이나 산업, 기술 동향 등에 대해서 타이트하게 공부해야 한다고 가스라이팅 하는 주체들을 다 떠나라, 그들은 당신 인생에 도움 되지 않는다

참고 자료
www.nytimes.com/2020/04/30/opinion/economy-stock-market-coronavirus.html

장투냐 손절이냐
그것이 문제로다

앙드레 코스톨라니André Kostolany(1906~1999, 오스트리아-헝가리 제국 출신의 투자가, 자산가. 뛰어난 투자 성과를 올려 유럽의 워런 버핏이라는 칭호를 얻을 만큼 투자의 대가 반열에 올랐다.)는 주식 투자와 관련해 다음과 같은 발언을 한 것으로 유명하다.

"주식을 사라, 그리고 수면제를 먹어라. 10년 뒤 깨어나 보면 부자가 되어 있을 것이다."

즉, 국제적 우량주를 산 후 팔지 말고 오래 놔두면 반드시 오를 거라며 장기 투자를 권유하고 있다.

다음의 차트를 보자.

자료: investing.com

    삼성엔지니어링 주식을 사고 15년을 푹 자고 일어났더니 15만 4,000원에서 1만 6,400원으로 약 1/9 토막이 나 있다. 아니 이게 대체 어떻게 된 일이오, 코스톨라니 양반?

    '시장의 마법사들Market wizards'에 나오는 유명한 투자자인 마크 미너비니Mark Minervini와 같은 트레이더들은 연평균 100% 정도의 수익률을 내는데, 그의 투자 십계명은 아래와 같다.

In this article, we look into his nuggets of wisdom in the form of Top Ten Trading Rules :

1. Always Trade with a Stop Loss
   항상 손절매를 설정하고 거래하라.

2. Define your Stop before you enter a Trade
   거래에 들어가기 전에 손절 라인을 정하라.

3. Never Risk more than you Expect to Gain
   기대하는 이익보다 더 큰 위험을 감수하지 말라.

4. Nail down decent profits when you have them
   이익이 발생하면 즉시 확보하라.

5. Never let a Good Size gain turn into a Loss
   좋은 규모의 이익이 손실로 번지지 않게 하라.

6. Only get Aggressive on the heels of Profit
   이익이 난 후에만 공격적으로 행동하라.

7. Scale back exposure when Trading Poorly
   거래가 부진할 때는 노출을 줄여라.

8. Protect your Breakeven point ASAP
   손익 분기점을 최대한 보호하라.

9. No Forced Trade − No Big Losses
   강제 거래 금지 − 절대 큰 손실 보지 말라.

10. Never Average Down
    물타기를 하지 말라.

출처: X.com(Mark Minervini)

이를 정리하면 첫 번째 룰이 항상 스톱 로스(손절매)를 하라는 것이다. 투자를 하고 손실의 폭이 너무 커지지 않도록 손절매를 한다. 열 번째 룰도 세간의 생각과 다른데, 절대 물타기를 하지 말라는 것이다. 앞서 삼성엔지니어링 기업을 15만 원에 사서 10만 원에 물타기 하고, 7만 원에 물타기 하고, 5만 원에 물타기 하고……. 이런 식으로 물타기를 계속했다면 아마도 그의 계좌는 녹았을 것이다.

즉, 이렇게 트레이딩적 관점에서 바라보면, 왜 트레이더들이 주식 투자를 잘하는지를 언뜻 알 수 있다.

"그런데 우리는 지수 투자를 할 것이 아닌가? 그리고 투자의 대가인 워런 버핏과 같이 투자를 하면 되지 않느냐?" 하고 항변할 수도 있다.

버핏은 항상 사후적으로 더 고평가되는 경향이 있는데, 어쨌거나 버핏이 장기 투자 관점에서 실제 투자를 인류 그 누구보다도 잘해 왔던 것이 사실이다.

그러면 주식 투자를 직접 하려는 입장에서, 대체 버핏 같은 스타일로 장기 투자를 해야 할까? 아니면 미너비니든 스탠리 드러켄밀러Stanley Druckenmiller든 소위 잘나가는 트레이더가 되어서 투자를 해야 하는 것일까?

많은 개인이 책을 통해서 또 전설적인 인물들의 인터뷰를 통해서 시장에 대해 공부하면서 각자 "이 방식이 맞다." 혹은 "이게 더 낫다."라고 말하는 것을 적지 않게 보았을 것이다. 그러면 정말 어떤 방식이 더 맞고 낫단 말일까?

결론부터 말하자면 둘 다 맞다.

즉, 코스톨라니나 버핏처럼 사두고 장기간 잠을 자는 것도 맞다. 애플 같은 기업을 보자.(다음 쪽 도표 참고) 영화 〈포레스트 검프〉에서 주인공이 무슨 사과 표시가 있는 기업의 주식을 샀다고 말하는 장면이 나오는데, 그 기업이 바로 애플이었다.

애플 같은 기업은 코스톨라니가 한 말이든 버핏이 한 말이든 잘 맞아떨어진다. 그러면 어느 기업은 버핏, 코스톨라니의 조언을, 어느 기업은 드러큰밀러, 미너비니 같은 사람의 조언을 들어야 한단 말일까?

핵심은 개별 주식 투자를 할 때의 본질은 결국 '나는 어떤 스타일의 투자자이고 어떤 부분에 좀 더 자신이 있나?'를 알아야 한다는 것이다.

즉, 몸에도 체질이 있고, MBTI 등으로 성격을 규정하듯, 투자 성향 역시 개인차가 존재하고 그 개인차에 맞는 투자 방법론을 찾아야 한다는 점이다.

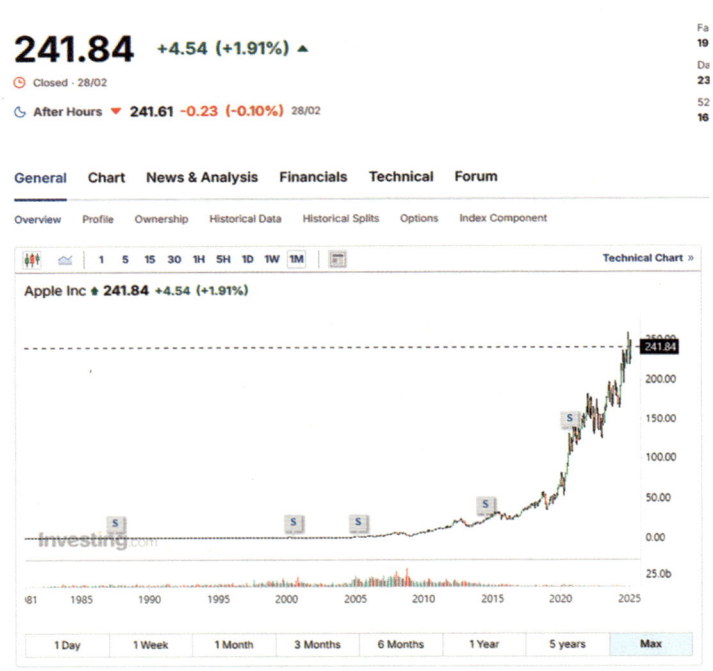

자료: investing.com

　흔히들 투자는 크게 보면 두 종류가 있다고 한다. 하나는 트레이더이고 다른 하나는 인베스터다. 트레이더는 개별 기업이나 산업에 대한 뷰보다는 거시 경제나 차트, 시장 심리 등을 통한 위험 관리를 하고 거래를 하는 존재다. 앞서 드러큰밀러, 마크 미너비니 등과 같은 사람이 전설적 트레이더이다.

인베스터는 거시적 상황보다는 개별 기업 그 자체에 보다 집중하는 스타일이고, 한번 사면 주로 장기 투자를 해서 시간을 내 편으로 만드는 투자를 통해 큰 수익을 기대하는 사람이다.

둘의 장점과 단점도 명확하다.

트레이더의 단점은 개별 기업 투자로 큰 수익을 내기 어렵다는 점이다. '이익은 길게, 손실은 짧게'를 지향하지만 이익을 길게 갖고 가기 어려운 구조로 거래를 한다. 왜냐하면 이익을 계속해서 길게 갖고 갈 만한 좋은 상황이 지속해서 나오는 것이 쉽지 않아서다. 반대로 '손실은 짧게'에서처럼, 손절매 구간을 칼같이 정하고 거래하기 때문에, 내가 아무리 맞게 생각한들 시장이 그렇게 변한다면 내 사고도 그에 따라 수정해서 순식간에 포트폴리오를 재편하는 사람들이 트레이더다. 즉 트레이더는 '이익도 짧고 손실도 짧은' 투자를 하는 경향이 있다.

한편 인베스터는 뭘까? 인베스터의 장점은 이익이 시간을 녹였기 때문에 폭발적으로 커질 수 있다는 점이다. 수~수십 퍼센트 정도가 아니라 수~수십 배 이상의 수익을 낼 수도 있다. 그러나 단점은 손실 면에서도 마찬가지라는 것이다. 장기 투자를 해야 할 기업이나 산업이 아닌데, 혹은 그런 상황이 아닌 것으로 바뀌었음에도 불구하고 장기 투자를 하다 손실을 극대화하여 사실상 시장에서 퇴출되는 경우가 생긴다.

전체적으로 보면 개인들은 극단의 두 성향이 존재한다고 할 때, 트레이더와 인베스터의 비중을 어느 정도는 다 가지고 있다. 그러나 문제는 '나는 지금 어떤 투자자의 성향에 가까운가?'라는 질문을 스스로에게 잘 던져본 적이 없다는 것이다. 혹은 그런 질문들을 하더라도, 그 금액이 커진다거나 상황이 달라졌을 때도 진짜 그런지 테스트해 본 적이 별로 없다는 것이 문제다.

나를 찾아오는 많은 개인 투자자들은 주로 종목이나 기업, 주가 등에 대해서 물어보곤 한다. 즉 펀더멘털을 물어보거나, 혹은 내가 애널리스트 출신이라는 이유로 적정가를 산출하는 방법론을 물어보기도 한다.

그런 기술적인 부분에 대해서는 일정한 학습이나 실전이 병행되면 누구나 배울 수 있다. 그러나 진짜 배워야 할 점은 다음과 같다.

- 나는 주식 투자를 해야 하는 사람인가?(즉, 지수 9%, 배당주 12~15% 이상의 수익률을 지속해서 낼 수 있는 사람인가?)
- 나는 트레이더와 인베스터라는 개념을 잘 알고 있고, 내 성향은 각각에 어느 정도에 부합하는가?
- 내가 투자하는 기업, 주식의 '성격'이 어떠한지 알고 있는가? 즉, 지금 사서 10년간 잠자도 되는 주식인가? 혹은 오늘 사서 오후에 팔아야 하는 종목을 건드리고 있는 것인가?
- 주식 투자에 내 자산의 비중을 어느 정도로 넣을 것인가? 나는 현금 흐름이 증가하는 수단을 만들고 나서 이것을 시작하는가?

바로 이것이 투자를 하려고 할 때 기본적으로 질문하고 대답해야 할 내용이지, '엔비디아냐 브로드컴이냐'를 따질 것이 아니다. 이는 마치 내 1분당 달리기 속도나 체력을 모른 채 마라톤 코스만 달달 외운다고 마치 그 마라톤을 달릴 수 있을 것으로 착각하는 것과 같다. 코스를 아무리 잘 외우고 코스마다 전략이 무엇인지 시뮬레이션을 아무리 많이 했더라도 현실의 내 몸 상태와 실력을 모른다면, 즉 내 달리기 실력을 모른다면 마라톤을 완주할 수 없다. 웨이트를 들 근력이 없는데 운동을 2분할 하냐 3분할 하냐를 따지는 게 무슨 의미가 있을까.

즉, 알아야 하는 것은 외부가 아니라 내부인 나 자신이다. 많은 개인이 스스로에 대해서 잘 정리하지도 않은 채 외부를 향한 공부를 한다. 또 그런 공부를 하는 것이 정답이라고 가르친다. 그러니 애초에 투자를 하고 칼손절을 하는 것이 맞는지, 수면제를 먹고 잠들어서 장기 투자를 하는 것이 맞는지에 대한 질문도 할 필요가 없다. 내가 어떤 성향인지를 알게 되면 그 상황과 성향에 맞는 판단을 스스로 내리게 되는 것이다. 이런 '능동적이고 자율적'인 상태가 아닌 사람이, 주식에 큰돈을 투자하는 상황은 정말 불행한 결과를 가지고 올 수 있다.

돈을 벌어야 한다는 집착을 떠나, 나를 알아야만 투자를 성공할 수 있다. 이것은 주식 투자에만 해당하는 것이 아니라 부동산에도, 가상 자산에서조차 그렇다. 내가 트레이더냐 인베스터냐, 내가 투자하는 자산이 트레이딩 성격의 자산이냐 인베스팅 성격의 자산이냐를 구분해야 한다.

다음 절에서 그 구분법을 간략히 정리해 보겠다.

관심 종목을 업종별이 아니라 '성격별'로 정리하라

주식 투자를 하는 사람들이 관심 종목을 정리하는 패턴이 있다. 주로 '업종'별로 정리하는 것이다.

가령 '반도체' 업종으로 삼성전자, SK하이닉스, 마이크론 등을 정리하고, 'AI 하드웨어'라는 이름으로 엔비디아, 브로드컴, TSMC 등을 넣는다. 음식료 업종으로 오리온, 삼양식품, 농심을 넣고, 건설 업종으로 현대건설, GS건설 등을 넣는다. 바이오 업종으로 알테오젠, 유한양행, 오스코텍, 파마리서치 등을 넣고, AI 소프트웨어로는 세일즈포스, 서비스나우, 카카오, 네이버, 레딧 등을 넣는다. 또 엔터 업종에서는 뭐가 좋고 소비재 업종에서는 뭐가 좋고, 자동차, 화학 등 '섹터'를 종목 분석의 기본으로 삼는다.

결론부터 말하면 이렇게 투자하면 망하기 십상이다. 특히 '트레이더'가 아니라 '인베스터'라고 생각하면서 이렇게 정리하고 있다면 주식 투자 성과가 좋지 못할 가능성이 농후하다.

그러면 어떻게 정리를 하는 것이 좋을까? 사실 정리만으로 투자의 모든 것을 다 설명하거나 해결할 수 있는 것은 아니지만, 정리만 잘해도 많은 것이 결정된다.

먼저, 기업들을 가르는 기준 중 하나는 그 기업이 '성장'하는 속도가 마이너스인지, 로싱글 low single-digit growth (1~9% 사이의 낮은 한 자릿수 성장률)인지, 두 자릿수인지, 혹은 연간 30%를 넘는 초고속 성장인지를 토대로 나눠야 한다. 무슨 의미냐면 '성장의 속도'가 그 기업의 분류 체계라는 것이다.

다음의 그림처럼 기업을 그룹화해 보라.

먼저, 역성장 기업이란 무엇일까? 가장 대표적인 것이 한국의 내수 산업에 종사하는 기업이다. 2025년 기준 한국의 역성장 산업은 건설 산업, 골조용 건자재 산업 및 유통 산업 등이다. 올해만 보는 것이 아니라 지나온 10년을 보았을 때 하향 추세로 진입한 산업들이 여기 해당한다. 이들 역성장 산업은 매출액 증가율이나 이익 증가율이 마이너스를 기록하거나, 한국의 명목 성장률(3% 중반)에 겨

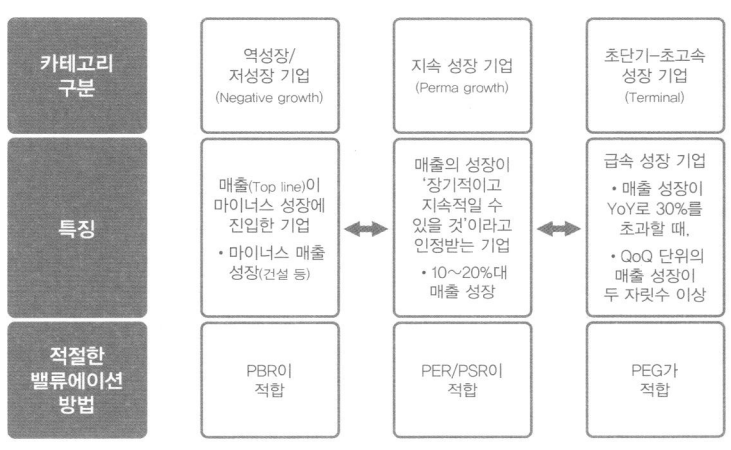

자료: 채부심

우 부합하는 경우가 있다. 이러한 기업들은 그 업태가 무엇이든지 간에 '역성장 혹은 저성장'이라고 규정할 수 있고, 그래서 동일한 카테고리에 속한다.

주식 투자를 하면서 이런 저성장 혹은 역성장 기업에 '장기 투자'를 해야 할까? 전혀 그렇지 않다. 이들 그룹에 장기 투자하면 할수록 원본이 잠식당하는 구조다. 그러므로 단기 투자 목적으로는 일부 투자할 수도 있지만 장기 투자에는 매우 부적절하다.

이들 기업은 주로 기업 가치를 평가하는 방법(밸류에이션 방법)도 이익 기반의 PER Price-to-Earnings Ratio(주가 수익 비율) 같은 것이 아니라 PBR Price to Book-value Ratio (주가 순자본 비율)로 보는 경우가 많다. PBR이란 시가 총액을 순자본으로 나눈 값이다. 통상 PBR 1배 이하를 저평가라고 하지만, 여기서 저평가, 고평가를 논하기 이전에 이들 저성장 기업은 미래 가치가 저평가되는 것이 상식이다. 따라서 PBR 1배 이하로 얼마든지 갈 수 있다는 의미다. 저성장 혹은 역성장 기업들은 PBR도 0.3 이하인 경우가 많고, PBR 1배 가격을 적정가로 주식을 배운 사람들은 이런 기업들을 사서 이후에 더 크게 물리는 경우가 많다.

상식적으로 저성장·역성장하는 기업에 투자해야 할 이유가 별로 없다. 저성장·역성장 기업을 부동산으로 비유해 보면, 한국의 성장 부동산은 서울로 대표되고, 역성장 부동산은 지방 소멸 상황에서 지방 소도시의 부동산으로 생각하면 되겠다.

중간 카테고리에 있는 것이 매출·이익이 10~20%대로 성장하는 '지속 성장 기업' 카테고리다. 이들 기업이 개인들의 장기 투자에 가장 적합한 투자처라 할 만하다. 왜냐하면 이익이 안정권에 들어갔기 때문이다. 이런 기업들을 밸류에이션 할 때는 PER, PSR Price to Sales Ratio (주가 매출 비율)과 같은 방식이 적합하다.

마지막으로 주식이 초고속 성장하거나 급성장이 기대되는 기업들이 있다. 소위 양자 컴퓨터 관련 주식이나 AI 소프트웨어 기업들이 해당한다. 혹은 바이오 기업들도 여기에 포함된다. 이런 기업들은 '성장주'가 아니라 '급성장주'라고 불리는데, 당장 이익이 나지는 않지만 조건이 달성된다면 말 그대로 수~수십 배의 주가 상승을 보일 가능성이 높다.

이들 기업도 밸류에이션이 되는데, 이때는 PEG Price/Earnings to Growth Ratio(주가 수익 성장 비율)를 적용하곤 한다. 여기에서 밸류에이션 방법론을 다루기에는 지면이 부족한 데다 이번 책은 이를 중점적으로 설명하고자 하는 내용이 아니므로 이 정도로 설명하고 넘어가겠다.

그러나 핵심은 결국 주식이라는 것은 '성장'을 해야만 의미가 있고, 성장하지 않는 기업들은 크게 의미 있는 투자처가 될 수 없다는 것이다. 그래서 종목을 섹터로 구분할 게 아니라 성장의 상태로 구분을 하는 것이 좋다.

이렇게 정리를 해야 하는 이유는 아래와 같다.
가장 대표적인 것이 '섹터' 안에서도 차별적 주가가 나오는 경우다. 같은 섹터 안에서도 '성장'과 '역성장'이 존재한다는 것이다. 가령 음식료 업종의 대표 격인 '삼양식품'과 '농심'을 비교해 보자.

두 기업의 주가 차트를 보면 삼양은 '성장'을 하고 농심은 '역성장'을 했음을 알 수 있다. 따라서 이 두 기업을 같은 '음식료' 섹터로 관리해서 볼 필요가 없다.

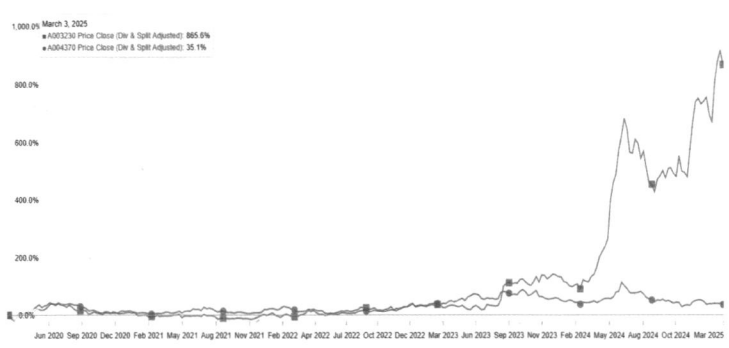

자료: investing.com

물론 같은 섹터 내에서 서로 다른 결과를 낸다는 게 투자 판단에 도움을 주는 것은 사실이다. 그러나 애초에 역성장을 하고 있는 기업들에 관심을 둘 이유가 무엇일까? 어느 순간 갑자기 혜성 같은 성장을 할 수도 있지만, 기업의 경영 관행이라는 것이 그것을 어렵게 한다. 기업이 진짜 바뀐다면 시장이 눈치를 챈다는 사고방식이 중요하고, 일단은 저성장 기업과 성장 기업을 분리해서 관리해야 한다. 그렇게 '성장 기업'군에 속하는 종목을 하나하나 집어넣다 보면 어느새 분석력이 생길 것이다. 지금 현재 한국 주식 시장, 나아가 미국 주식 시장에서도 어느 기업이 시세를 또 시장을 주도하고 있는지 말이다.

한편 미국 테크 기업의 대표 격인 M7은 사실 대부분이 '성장' 기업이다. 그러니 미국 지수인 S&P 자체가 성장주로서의 성격을 가지므로 이들 기업도 '성장' 그룹에 집어넣는 것이 좋겠다.

성장 기업을 굳이 두 가지로 나눠서 '일반 성장주'와 '초고속 성장주(터미널)'에 해당하는 기업들을 별도로 정리하는 이유는 무엇일까? 그것은 터미널에 해당하는 기업들은 밸류에이션이나 가격 판단 방법 자체가 일반적인 성장주와는 완전히 다르기 때문이다.

즉, 이런 그룹에 해당하는 기업들에 투자할 때는 전통적인 방식의 가격 판단을 해서는 절대 안 된다. 그런 것들로는 설명할 수가 없기 때문이다. 오직 미래의 성장 종점 단계의 상황을 가정하고, 그때 시점에서의 실적을 잠재적으로 추정한 후 그것을 현재 가치로 할인하는 방법 등으로 가치 평가를 한다.

테슬라만 하더라도 테슬라 자동차 판매만으로 밸류에이션 하는 것이 아니라 테슬라 로봇택시 사업, 테슬라 자율주행 사업, 에너지 사업 등의 '최종 성장 단계'를 감안하고, 그 시점의 숫자를 개략 계산한 후 지금 주가와 비교하는 것이다.

　이런 방식의 투자는 과거에도 존재했고 지금도 있으며, 미래에도 존재할 것이다. 그렇게 '성장'을 기준으로 1그룹을 '역성장 및 저성장', 2그룹을 '지속 성장', 3그룹을 '초고속 성장'으로 구분해 정리하라.

05
지속 성장 기업의 주식만 사서 잠들라, 다른 걸 사서 잠들면 큰일 난다

주식 투자의 결론을 말해야 할 순간이다.

코스톨라니나 버핏처럼 좋은 주식을 사서 잠들고 10년 후 깨어나는 투자 방법이 적합한 기업은 앞서 언급한 3가지 성장의 카테고리 중 무엇일까? 답은 '지속 성장' 기업이다.

먼저 저성장 및 역성장 기업은 장기 투자 시 자산이 녹는다. 변화가 생겨서 튀어 오르는 기업이 아니고서는 사실상 마이너스를 향해서 가는 고속 열차다.

세 번째 그룹인 초고속 성장 기업의 경우, 이런 기업들을 확인한 순간이 기업의 초기가 아니라 시세가 이미 웬만큼 나온 상황일 때 매입해서 잠잔다면 고점비 -90% 이상도 가능할 정도로 계좌가 박

살 날 수가 있다. 보통은 스토리가 주가를 만들면서 미래 실적을 당겨 오기 시작하면 그만큼 실적을 현실화하는 과정이 필요한데, 그 과정은 지루하다. 따라서 시장은 다른 꿈을 찾아 떠나면서 주가가 박살 나는 경우가 적지 않다.

2022년 2차 전지 섹터가 가장 대표적일 것이다. 그해 국내 2차 전지 섹터는 에코프로, 에코프로BM으로 대표되는 양극재 대성장 사이클을 맞이하여 사실상 거의 모든 종목이 2배 이상~최대 10배 정도로 상승하는 급등장을 맞이했다.

그때의 2차 전지 섹터는 초고속 성장 그룹이었다. 1~2년 정도 후의 실적이 아니라, 미래의 자동차에서 전기차가 최대 약 50% 이상의 비중을 차지하고, 그 비중에서 한국의 배터리 점유율이 어떻고, 그때의 배터리 가격이 얼마고 마진이 얼마니 미래의 기업 실적은 어떻다 등을 관념 속에서 끌고 온 다음에, 지금 주가와 비교해서 '싸다'고 생각하는 것이 초고속 성장 기업의 밸류에이션이다.

그러나 2025년인 지금 현실은 어떠할까? 당시에는 2차 전지 양극재의 원재료인 리튬Li의 가격이 지속 상승할 것이라 믿었으나, 결국 리튬 가격 상승이 지속되는 일은 없었다. 전방위적인 수요 약세 속에 가격 하락이 나온 것이다. 부동산 가격이 안 올라가는데

건설주가 세게 오를 수가 있을까? 이리하여 배터리 섹터 전체의 하락이 나타났고, 초고속 성장이 성장으로, 이후 저성장으로 스테이지가 바뀌는 단계가 생기면서 반토막은 기본으로 하락하는 대하락 시세가 나타난 것이다.

같은 방식은 게임에서도 생겼다. 한국식 게임과금제를 구축한 넥슨이나 엔씨소프트, 위메이드와 같은 기업들이 2022년부터 급락하기 시작했고, 엔씨소프트는 100만 원을 넘어 '황제주'라고 불리다가 현재 20만 원을 하회하며 고점비 -80%가 넘는 하락률을 보이고 있다. 위메이드 역시 코인을 기반으로 Play to Earn P2E이라는 새로운 장르를 개척했고 그렇게 시장 침투를 할 것이기에 '터미널 단계'로 미래를 다 당겨 왔지만 그런 일은 없었고 결국 시장 실망이 저성장 기업으로 만들면서 주가가 고점이 -80%가 났다.

따라서 '초고속 성장 기업'에 '장기 투자' 하는 것이 진정 위험한 일임을 알아야 한다. 그런데 이런 '초고속 성장' 단계의 기업들에 투자하면서 코스톨라니 선생의 격언을 빌려 '10년 후에 잠자고 일어나야지'라고 생각하는 투자자가 적지 않다. 그러나 이런 기업들에는 정말 짧게 투자하고 이익을 실현한 다음에는 뒤도 안 돌아보고 튀는 것이 상책이다.

개인이 굳이 직접 투자를 개별 주식으로 해야 한다면 그 대상은 '지속 성장주'가 가장 적합하다. 성장률이 너무 높아서도 안 되고 저성장이어서도 안 된다. 연평균 10~25% 수준의 성장률을 최소 2년 이상 장기적으로 보여줄 것이 높은 확률로 기대되고, 그에 수반하여 매출 및 영업 이익, 순이익 등이 동반 증가할 것이 기대되는 주식을 선택해야 한다. 일단 이것이 '투자의 기본 허들'이다. 이후에는 경영진의 성향을 파악할 필요가 있다.

사실 성장과 경영진 성향을 어느 정도 파악했다면 이런 기업들에 장기 투자 하는 것이 나쁘지 않다. 미국 주식이 이런 식의 투자에 적합한 이유는, 미국의 CEO들은 X든 페이스북이든 링크드인이든 다양한 SNS를 통해서 자신의 생각을 알리고 대중과 소통하기에 투자자들과 IR을 직접 하지는 않더라도 교류의 장이 많다.

반면 한국은 재벌가 최대 주주 창업주나 2세, 3세들이 마치 황태자처럼 행동하며 대중과 소통하지 않는데, 이런 경향으로 인해서 회사의 비전이나 상품의 장점 등이 무엇인지 고객들을 잘 설득하지 못하는데도 왕조의 직계인 양 행동한다. 따라서 한국 기업들은 성장을 하더라도 대주주의 존재로 인해서 투자를 끌어내지 못하는 경우도 적지 않다.

직접 투자에서도 미국 주식이 편한 이유는 또 있다. 개별 기업들이 자신들이 말하는 경로로 가는지를 3개월마다 체크할 수 있도록 공시제도를 두고 있다. 공시제도뿐만 아니라 투자자들에게 이해를 높이기 위한 다양한 IR 자료들을 제공하는 것은 상장 기업의 본분이다. 또 기업들과 IR을 통해서 늘 소통해 온 애널리스트들이 실적 발표 후에 개별 기업들과 하는 컨퍼런스 콜을 온라인으로 공개하여, 일반 투자자들도 듣게 해주는 것이 관례다. 미국 상장 기업 중에서는 이런 것을 하지 않는 기업을 찾기 어려울 정도로 기업의 IR 성향이 밝다.

그러나 한국은 컨퍼런스 콜을 공개하는 산업이 거의 없다. 그런 기업을 손에 꼽을 정도다. 가령 건설주만 하더라도 삼성물산, 현대건설, GS건설, DL이엔씨, 대우건설 등 빅5 건설사가 컨퍼런스 콜을 공개하지 않는다. 이는 투자자들을 중요하게 생각하지 않는다는 말과 같다. IT 섹터도 바이오 섹터도 마찬가지다. 사실 대부분의 섹터나 기업이 이렇다. 글로벌 투자자가 많은 삼성전자나 하이닉스 정도가 되어야 컨퍼런스 콜이 공개된다.

물론 컨퍼런스 콜이 없다고 투자를 못 하느냐? 그건 아니다. 외부에 있는 개인 투자자들이, 굳이 비싼 유료 서비스를 받지 않고도 직접 회사의 기본 내용을 파악할 수 있는 수단을 잘 공개하면 된다.

홈페이지를 통한 IR 자료여도 되고, 대표이사들이 X나 SNS에 공개하는 회사의 주요 경영 방침이어도 되고, 통계를 통한 회사의 키 데이터들을 짧은 주기로 확인할 수 있게 해도 된다. 가령 10일 단위로 나오는 잠정 수출 데이터와 같은 것이 그렇다. 이런 데이터들이 확인이 된다면 회사가 IR을 열심히 안 하더라도 회사의 진행 상황 정도를 수치로 파악할 수 있기에 약간은 낫다. 그러나 친절하게 IR을 한다면 투자자들도 얼마나 마음 편히 투자하고 10년간 잠들 수 있을지 생각해 보면 쉽다.

즉, 개인이 직접 개별 주식에 투자를 한다면 거의 모든 포트폴리오를 '지속 성장주' 중심으로 채워두는 것을 추천한다. 물론 초고속 성장 기업에 관심이 높을 수밖에 없는 것이 인간이다. 그러나 자신의 인생이 걸린 포트폴리오를 재미로 망칠 수는 없는 일 아닐까, 실력적으로 나의 조언이 필요 없는 사람이라면 들을 필요도 없겠지만, 그게 아니라면 되도록 성장주 중심으로만 구축하기를 추천한다.

다음은 2025년 기준으로 관심을 가지고 봐야 할, 시총이 일정 규모를 넘는 성장주 그룹의 목록이다(시가 총액이 적은 기업들은 배제하였다). 물론 이 기업들도 언제든지 성장률이 저조해질 때는 지속 성장 기업의 카테고리에서 제외해야 한다. 그 순간을 놓치지 않기 위해서 분기 실적과 같은 실적들을 꾸준히 챙겨야 할 것이다.

- 국내 5개 사: 삼양식품, 파마리서치, 코스맥스, 한화에어로스페이스, SK하이닉스
- 해외(미국) 5개 사: 마이크로소프트MSFT, 메타META, 우버UBER, 세일즈포스CRM, 알파벳Alphabet

참고 자료
하이닉스 컨퍼런스 콜(IR website): irsvc.teletogether.com/hynix/hynix.php?c=hynix&y=2750

Chapter 5

부동산, 어떻게 해야 하나?

달러 표기로는
3년간 -40% 하락한 것이 한국 부동산

"빚내서라도 집을 사라."란 말이 나온 것이 2014년이었다. 그해 정부는 7.24 대책과 9.1 대책을 내놓으며 주택 시장에 명목 성장률을 상회하는 대출을 공급하고, 또 주택의 공급적 측면에서 신도시 공급을 없애고 구도심 재건축과 재개발 위주로만 공급할 것을 천명했다.

미시적인 차원에서 수요를 늘리고 공급을 없애는 형태의 정책을 펼친 것인데, 이 강력한 정책 조합으로 인해 부동산 시장은 이후 강세장에 진입한다. 그리고 그 강세장은 한국 부동산 시장의 역사가 그렇듯이, 심대한 외부 위기가 왔을 때야 비로소 끝이 났다. 그것은 미 연준이 금리를 초고속으로 올린 2022년 하반기였고, 금리 인상을 통해서 전세가 하락이 찾아오고, 이후 매매가 하락이 급격히 진행되면서 정부도 2022년 상반기에는 무대응 기조였다가, 2023년 1.3 대책부터 아예 본격적인 부동산 시장 부양에 총력을 다하게 된다.

2000년대 초반의 부동산 시장도 그러하였다. 1997년 IMF 이후 주택 담보 대출이 민영화되고 개인들에게 열리면서 주택 시장에 유동성이 공급된다. 그렇게 공급된 유동성의 부작용으로 2003년 카드 사태 등으로 인한 경기 침체가 있었지만, 부동산 강세장은 이후에도 지속되었다. 결국 2008년 글로벌 금융 위기가 도래한 이후에서야 그 강세장이 멈췄다.

일련의 부동산 역사에서처럼 부동산 시장은 한번 불붙으면 장기적으로 지속 상승하는 경향이 뚜렷하다. 사실 자산 시장 중에서 명목 성장률과 가장 부합해서 움직이는 분야가 부동산이고, 지난 25년간의 역사에서 명목 성장률보다 대출 증가율이 높았던 기간이 20년이 넘으므로, 부동산은 늘 초과 상승의 수혜를 맛볼 수 있는 자산이었다. 그래서 부동산이 많은 가계의 자산 일순위로 자리매김해 왔던 것이다.

만약 2010년에 평균 전세 4억 원, 매매 6억 원 정도였던 주택이라면 2024년에는 평균 전세 10억 원, 매매는 19억 원 정도로 15년 정도에 걸쳐 자산이 급팽창했을 것이다. 이러한 주택을 두 채 보유하고 있다면, 사실 그는 그 주택을 정리하고 이 책에서 말하는 현금 흐름과 미국 주식 복리 투자를 통해 은퇴 이후의 현금 흐름에 대해서 걱정을 아예 하고 있지 않아도 될 정도라고 볼 수 있다.

그러면 부동산 쪽에서는 1주택을 완성하고 나면 끝일까? 자산 배분과 평생 소득 관점에서 부동산은 항상 넘기 어려운 문제 중 하나다. 기본적으로 가액 규모가 매우 크고, 취득이나 매도를 할 때마다 의사 결정의 시간과 노력이 상당히 들기 때문이다. 또 자신이 어느 아파트에 사느냐, 어느 지역에 사느냐 등에 따라서도 생각과 가치관이 완전히 다른 상품이다. 그러다 보니 내가 부동산을 좀 보수적으로 평가라도 할라치면 '하락론자는 뷰가 안 좋다.'는 댓글들이 금세 달리기도 한다. 그 반대도 마찬가지다.

그러나 자산 배분의 관점에서 부동산에 대한 기준은 자신이 명확하게 세울 필요가 있다. 그중 부동산에 대해서 먼저 달라져야 할 인식 중 하나는 '부동산은 안전 자산'이라는 심리다. 부동산은 결코 안전 자산이 아니며 가격의 등락이 가능한 위험 자산이라는 인식을 갖는 것이 매우 중요하다. 또 가격의 등락이 존재한다는 점으로 인해서, 그 등락의 정도가 경제의 성장률보다 더 높을지 낮을지를 고민해 보는 관점도 필요하다.

여기서 '가격'은 '실질 가격'이 아니라 '명목 가격'이다. 무슨 의미냐? 4년 전 9억 원에 산 아파트가 지금 9억 원이라면 명목 가격으로 아무런 변화가 없는 것이다. 9억 아파트가 9억 9,000만 원이 되었다면 명목 가격으로 10% 상승을 했다. 한국에서 부동산 상승은 이처럼 '명목 가격 상승'을 의미한다. 그러니 이런 상태라면 10%가 오른 것이다.

그런데 반대로, 2021년에 28억 원이던 서초동 부동산이 2025년에 29억 원이 되었다면 명목으로 1억 원이 오른 것은 맞는데, 이때 명목만으로 계산하고 판단하는 것이 과연 좋은 접근 방식일까?
앞서 경제 상식을 설명할 때 명목 성장률은 실질 성장률과 물가 상승률을 더한 값이라는 걸 언급했다. 부동산 시장을 일단 명목 중심으로 살펴보자.

서울의 주택 가격 지수는 명목 가격으로 도출되는데, 서울의 실거래 지수가 2021년 11월에 190이었다. 그것이 2023년 초 148까지 내렸다가, 이후 회복하여 170을 기록하고 있다. 즉, 명목으로는

-10% 수준이다.

경기도의 경우는 169에서 하락 후 지금은 140인데, 이는 -17%를 유지한다는 의미다. 즉, 지수를 보면 총 아파트 가격은 명목으로 전고점을 회복하지 못하고, 고점비 -10%, -17%라는 의미다.

그런데 '실질' 개념은 어떨까? 실질은 물가가 들어가는데, 3년간 물가는 2022년에 무려 5.1%, 2023년에는 3.6%, 2024년에는 2.1%가 상승하였다. 3년간 물가 상승률을 누적시키면 합산 11.4%나 된다.

즉, 물가가 3년간 +11.4% 오르고 있는 상황에서, 부동산은 명목으로 -10%, -17% 하락했으므로 '실질'로 부동산 가격은 이 둘을 곱해서 서울은 실질 -10%×11.4%=-21%, 경기도는 11.4%×-17%=-26.5%라는 의미다.

이것이 끝이 아니다. 앞서 '원화 자산'이라는 성격으로 인해서, '외화'인 달러를 통해서 본다면 2021년 11월의 환율이 약 1,090~1,100원이라서 1,100원을 산정하고, 2025년에는 1,450원이라고 한다면 달러 환율도 -25%를 기록한 셈이 된다.

따라서 '달러'를 통해서 본 서울 부동산의 원화 실질 하락률은 -21%×-25%는 -41%가 되며, 경기도는 같은 방식으로 -26.5%×-25%=45%의 하락률이 된다.

즉, 사실상 고점비 40% 정도는 달러 표기로 하락했다는 것이 된다.

하물며 달러 자산을 보유하고 있었더라면 어떻게 될까? 그때는 달러 자산의 수익률이 더해져서 그 격차가 더 커지게 된다.
즉, 이렇게만 본다면 지난 3년간은 그 이전의 10년과 달리 부동산에 자본이 묶여 있는 것이 매우 불리했다는 말이 된다.

물론 서울에서도 상위 5분위에 해당하는 고가 주택군의 평균 가격은 20억 7,000만 원에서 24억 원대로 20% 정도 상승을 했다. 따라서 초고가 아파트를 보유한 계층은 이를 잘 체감하지 못할 것이다. 그러나 5분위를 제외한 나머지 1~4분위의 경우에는 명목 가격이 모조리 하락을 했고, 명목 가격 하락에 물가와 환율을 곱하면 달러 표기로는 사실상 완전히 자산 가격이 녹았다고 보는 것이 적절할 것이다.

따라서 앞으로 부동산에 대해서 판단할 때는 그 기준을 달리해야 할 필요가 있다. 어떤 식으로 부동산에 대응하는 것이 맞을지를 지금부터 알아보겠다.

주거비의 개념과
주택 가격 전망

한국인은 평균적으로 소득의 16%를 주거비로 사용한다. 지역별로 구분하면 수도권은 20%를, 지방은 15%를 쓰고 있다. 편의상 20%로 전제하고 논의해 보자.

부동산 중 주택은 토지와 건물로 구성되었고, 토지 부분에 대한 경제적 평가를 '입지'라고 부르며, 건물 부문에 대한 경제적 평가를 담아서 '상품'이라고 부른다. 따라서 집은 입지와 상품의 복합체이고, 입지 가치와 상품 가치가 존재한다.

입지를 구성하는 요소는 매우 많지만, 최근 도시학에서 중요하게 생각하는 개념은 도시의 삶은 6가지로 구성된다는 접근과 이를 해결하도록 공간 구조가 짜여야 한다고 믿는 점이다. 6가지 요소는 주거, 업무, 생활 필수 시설, 돌봄, 교육, 문화 여가를 의미한다. 그리고 이에 수반해서 집과 직장, 시장이나 상업 시설, 또 병원이나 다양한 케어 센터, 학교 및 학원, 자연환경이나 문화 시설 등이 필요하다.

이런 배경으로 보는 것이 '입지'이고, 상품 측면에서는 세대 수, 면적, 동-향-층, 브랜드, 건물 구조, 평면 Bay 등을 넣어서 평가한다.

그런데 이렇게 입지와 상품으로 부동산을 분해하고 바라본다면, 주택 가격을 해석할 때도 입지 가치와 상품 가치를 생각하게 된다. 상품 가치와 입지 가치의 근본을 찾아가다 보면 결국 조성 원가를 생각한다거나 하는 식으로 흐를 공산이 적지 않다.

그러나 주택 가격을 이해하는 가장 좋은 방식이 있다. 주택이라는 입지와 상품의 복합체를 '매수'한다는 것은 이를 '영원히 거주'하는 비용이라고 생각하는 것이다.

정리를 해보자.

주택 가격을 '시간'으로 나눌 경우, 주택 가격에 대한 직관적인 이해가 생길 것이다. 먼저 월세의 경우 주택(입지+상품)을 한 달간 사용하는 비용이다. 연세는 당연히 1년, 즉 12개월간 사용하는 비용이다.

그렇다면 '전세'는 무엇일까? 전세는 개념상 20년간 사용 비용을 의미한다. 대부분의 지역에서 전세는 월세의 20년 치인 경우가 많다. 월세가 100만 원이라면 연세는 1,200만 원이고, 전세는 그 20배인 2억 4,000만 원으로 구성되는 식이다. 항상 이 값이 유지되는 것은 아니지만, 대개 전세는 20년 치 연세의 합이다. 통계적으로 전세를 그렇게 정의하고 있다.

전세가 20년간 거주하는 데 드는 비용이라고 한다면, 매매가는 '영원히' 거주하는 데 드는 비용이다. 즉, 매매는 '시간의 제약'이 존재하지 않는 것이다.

매매가와 전세가의 차이, 즉 갭 가격이 존재하는 이유도 여기에 있다. 시간의 가치가 그 사이에 녹아 있기 때문이다. 반대로 지방 소멸(지역 사회의 인구가 감소하여 인프라 및 생활 서비스 공급, 생활의 애로 등으로 인해 공동체가 제대로 기능하기 어려운 상태)이 진행되는 지역에서 갭 가격이 사라지는 이유도 여기에 있다. 미래가 사라질 것이라고 보고 수요가 적어지리라 판단하기 때문이다.

현재 한국 부동산 시장은 서울을 중심으로만 돌아간다. 서울에서도 전체 아파트의 가격이 다 좋은 것이 아니라 상위 20% 아파트들만 강세장이다. 소위 동남권 지역인 강남, 서초, 송파, 강동과 용산, 영등포, 성동구 정도다. 나머지 지역에서는 크게 개선세가 없거나, 2021년 가격보다 명목 가격으로 더 낮게 거래되고 있다. 이것의 의미는 이미 알아보았다.

시장의 생각은 그렇다면 서울 핵심 지역을 제외하고는 미래가 불안하다는 판단을 내리는 것이다. 이런 상황이 맞느냐 틀리느냐를 떠나서, 시장이 이런 형태로 시장을 재단한다면 앞으로의 가격 추세도 이를 추종해서 나타날 가능성이 적지 않다.

이런 국면에서 자기 소득의 20% 이상을 주거비로 써야 하는 것을 지양해야 한다. 물론 임차 주택보다는 자가自家를 소유하는 것이 생활의 만족도나 안정성 측면에서 매우 큰 가치를 준다. 그래서 자가를 갖는 것이 꿈인 사람이 그렇게나 많은 것이다. 그러나 자가를 마련하기 위해 너무 무리해서 자기 소득을 투입할 필요가 없다는 의미다.

어차피 전국의 주택 시장은 서울 중심으로, 서울 주택 역시 상위 20%를 중심으로만 강세장으로 흘러가고 나머지 지역은 상대적 약세장, 혹은 저성장주와 비슷한 흐름을 가질 가능성이 적지 않다.

주거 문제를 해결하기 위한 첫걸음은 주거비를 내 소득의 몇 퍼센트 정도로 해결할 것인지를 결정하는 것이다. 그리고 앞서 부부가 2억 8,000만 원을 배당주 등에 넣어서 세후 3,300만 원 정도의 현금 흐름을 만들어낼 수 있다고 하였다. 반대로 말하면 연 3,300만 원의 세후 현금 흐름을 모두 주거비로 쓴다고 가정해 보자. 이는 연 3,300만 원이므로 전세로 환산하면 3,300만 원×20년=6억 6,000만 원이고, 이를 전세 주택에 거주하는 이자 비용으로 낼 수 있다는 의미다. 월세로 내도 되고, 6억 6,000만 원에 전세 대출을 받고 그 이자를 상환해도 될 것이다. 중요한 것은 해당 전세금 정도를 내는 현금 흐름은 확보하고 있다는 말이 된다. 물론 매매는 아니지만, 투자를 통해서 현금 흐름을 발생시켰을 때 이것이 얼마나 강력하게 작동할 수 있는지를 알자.

그렇다면 "현재 서울 상위 20%의 주택이 아닌 경우에는 그 주택을 처분하고 다른 자산(주식이든 배당주든)에 투자하는 것이 낫냐?"는 질문이 나올 법하다. 나의 답은 당연히 "Yes"다. 극단적으로 말해서 '돈이 있으면 집은 많다.'라는 생각을 하고 있기 때문이다.

우리가 느끼는 주거 불안은 결국 생애 주거비 문제를 해결하느냐 마느냐로 귀결된다. 전세가 아니라 매매를 선호하는 것은 전세도 결국은 20년 치 임차료지만, 매매는 한계가 없기 때문이다. 따라서 내가 거주하고 싶은 지역의 임차료 수준을 영원히 부담 가능하도록 현금 흐름을 만들어낸다면 주거 불안이 생기지 않는다. 귀

찮은 일도 없으며, 불안해할 일도 없다. 어차피 돈도 다른 자산들이 벌어주기 때문이다. 왜? 자기 소득의 20% 정도를 주거비로 쓰는 한, 항상 투자 재원이 열려 있어서다.

03

성장주 투자와
아파트 투자가 같은 이유

　주식 강의를 시작할 때 수강생들에게 "주식으로 돈 번 사람이 있냐?"고 물어보면 거의 손을 들지 않는다. 그런데 "부동산으로는 벌어봤느냐?"고 물으면 대개는 손을 든다. 이 둘의 차이는 대체 어디서 나오는 것일까?

　일단 부동산이 지속적으로 상승한 것은 사실이다. 그래서 부동산 매매로 차익을 얻은 사람이 꽤 있을 것이다. 하지만 주식도, 심지어 코스피조차도 5년간 매년 매수했다면 전 구간에 손실이 없는 것으로 나타난다. 즉, 5년 이상 투자를 했다면 IMF가 왔던 2008년에도, 코로나19 위기가 왔던 2020년에도 항상 상승했다는 의미다. 그러나 개인들에게 국내 주식 시장은 이런 기억으로 남아 있지 않다.

반면 미국 주식의 경우에는 수익을 냈다는 사람들이 적지 않다. 작은 독서 모임을 하고 있는데, 거기서 이런저런 투자 얘기를 하다 보면 해외 주식으로는 돈을 벌었다는 사람들이 나오곤 했다.

나는 종종 개인들에게 주식 투자를 할 때 국내 주식이든 미국 주식이든 간에 서울 아파트 사듯이 투자를 하라고 한다. 기본적으로 아파트 투자는 통계적으로 9년 정도를 보유하는 투자를 진행하며, 웬만한 이벤트에 흔들려서 사고팔고를 반복하지 않는다. 또한 아파트를 살 때는 되도록 자신이 살 수 있는 최고의 물건을 사려고 노력하며, 현금을 사실상 다 쏟아부어서 사고 이후에는 벌어들이는 소득으로 대출을 갚아나가면서 유지를 한다. 이것을 5년 이상 장기간 유지하다 보면 어느 순간 자산이 불어 있는 것이다.

내 경우도 동일했다. 2017년 서울 영등포구 아파트를 LTV(담보인정 비율) 60%를 빌려 매수한 처음에는 그 집의 화장실만 내 것 같았다. 그러다 시세가 2배 정도 상승한 2020년에 매도를 할 때는 집의 모든 것이 내 것처럼 느껴졌다. 불과 4년밖에 안 되는 시간에 그만큼 상승한 것이 믿어지지 않을 정도였다.

일단 부동산 가격에 가장 큰 영향을 미치는 변수는 임차료다.

기업의 주가가 장기적으로는 해당 기업의 이익과 현금 흐름을 추종하는 것처럼, 부동산 매매가는 임차료와 비례한다. 즉, 임차료 상승이 부동산 매매가 상승의 코어다.

부동산에서 좋은 입지란 학군, 직장 인접, 교통 등이 양호하고 자연환경, 문화 시설, 병원이나 상권이 발달한 지역이다. 혹은 지금은 아니라도 미래에 그것들이 개선될 기대가 있는 지역이다. 부동산 투자를 할 때 이를 살펴보는 것은 기본이다. 그 이유는 무엇일까? 입지 가치가 좋아야 임차료인 월세나 전세가 오를 것이기 때문이다.

재건축, 재개발 부동산에 투자하는 이유도 비슷하다. 입지의 변화가 없더라도 상품이 신축으로 바뀌면 임차료가 올라갈 수 있다. 전국에서 가장 유명한 서울 강남구 대치동의 대치은마 아파트의 경우, 102제곱미터(31평)의 전세가가 현재는 7억 원대다. 매매가는 30억 원이 넘는다. 그런데 이 아파트의 재건축이 진행돼 신축 건물이 되면 그때도 전세가 7억 원대일까? 상품이 급격히 개선된 만큼 임차료가 상승할 것이다.

즉, 부동산에 투자하는(매수든 갭 투자든 부동산 자산을 적극 편입하고 유지하는) 가장 큰 이유는 결국 해당 부동산의 매매가가 상승할 것이라는 기대이고, 매매가 상승은 곧 임차료의 상승으로부터 온다는 것을 우리는 다 알고 있다.

결국 주식이든 부동산이든 두 자산의 투자 원칙이 크게 다르지 않다. 성장주에 투자해 놓고 장기간 잠을 자라는 주식 투자의 원칙은 부동산에도 적용된다. 즉, 서울의 똘똘한 아파트를 사놓고 장기간 잠을 자도 된다는 것과 같다. 그리고 어쩌면 개인들이 이 두 자산만 잘 다루어도 은퇴 이후의 삶에 대해서 크게 고민할 필요가 없다는 것도 같다.

소액 갭 투자를
하지 말아야 하는 이유

부동산 투자에서 자주 거론되는 단어가 '갭 투자'다. 갭이란 매매가와 전세가의 차이이고, 그 금액만큼만 자기 자본이 있으면 부동산을 매수할 수 있기에 부동산의 소액 투자 방법으로 널리 알려져 있다. 실제로 30억 원이 넘는 서울의 초고가 아파트도 갭 투자로 매수하는 사람이 없지 않다. 그러나 보편적인 갭 투자는 이보다는 더 적은 규모의 부동산을 매수하는 것을 의미한다고 보는 것이 적절하다.

관건은 매매가와 전세가의 차이가 적은 갭을 지향하는 부동산 투자를 할 때 발생한다. 2013~2014년과 같은 시기에는 매매가와 전세가가 사실상 거의 차이가 없었고 전세가율이 90%에 육박하는 개별 단지도 심심찮게 발생했다. 당시 소액 갭 투자를 통해서 아파트를 수 채에서 수십 채로 늘리고, 이런 방식의 부동산 투자를 하면서 자산을 형성한 사람들도 적지 않다.

나는 아래의 그림을 그리면서 부동산 시장에 대응하라고 한다.

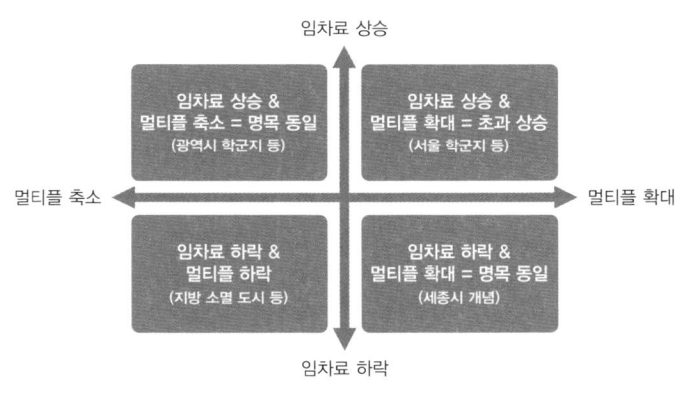

자료: 채부심

주택 가격이 전세가인 임차료와 멀티플multiple(총 수익을 총 투자 금액으로 나눈 값. 멀티플이 높을수록 투자자의 수익이 크다)로 구성되므로 가격을 움직이는 레버가 2개라고 본다면, 결국 임차료가 상승하는 지역이냐 유지 및 하락할 지역이냐가 가격 전망의 코어 중 하나이다. 다른 두 번째는 멀티플이 확대되는 지역은 성장이 예상되는 지역으로 가격 상승률이 높고, 반대 지역은 가격 상승률이 높거나 낮을 것으로 전망한다.

이때의 '멀티플'이 바로 갭 가격이다. 만약 전세가가 4억 원인데 매매가가 5억 원이라면 갭 가격은 1억 원이다. 그런데 같은 전세가 4억 원에 매매가 8억 원이라면 갭 가격은 4억 원이다. 이때의 멀티플은 어떻게 될까?

앞서는 매매 5억 원÷전세 4억 원=1.25배의 멀티플이 되며, 후자는 매매 8억 원÷전세 4억 원=2.0배의 멀티플이 된다.

이처럼 멀티플은 해당 지역의 성장성을 시장에서 평가하는 요소인데, 멀티플이 높을수록 성장성이 높은 성장주가 되고, 멀티플이 낮을수록 주식 편에서 보았던 저성장 혹은 역성장주가 된다.

어떤 대상을 매수해야 할지는 답이 사실상 나와 있는데, 그럼에도 불구하고 갭 가격이 적다는 이유만으로 높은 레버리지를 기대하면서 부동산 투자를 선택하는 이들이 적지 않다. 그러나 이런 방식의 투자는 2022년 이전이면 모르겠지만, 피크아웃 논란이 거세진 2023년부터는 사실상 절대 해서는 안 되는 투자에 가깝다.

아래 도표들은 각 지역의 장기 멀티플 밴드를 보여준다. 매매가를 파악하는 데 용이할 뿐 아니라, 각 권역이 현재 몇 배의 멀티플을 받고 있는지를 보여준다. 사실 멀티플이 유지만 되어도 임차료가 상승하면 매매가는 상승한다. 그러나 멀티플이 높아지고 있다면 임차

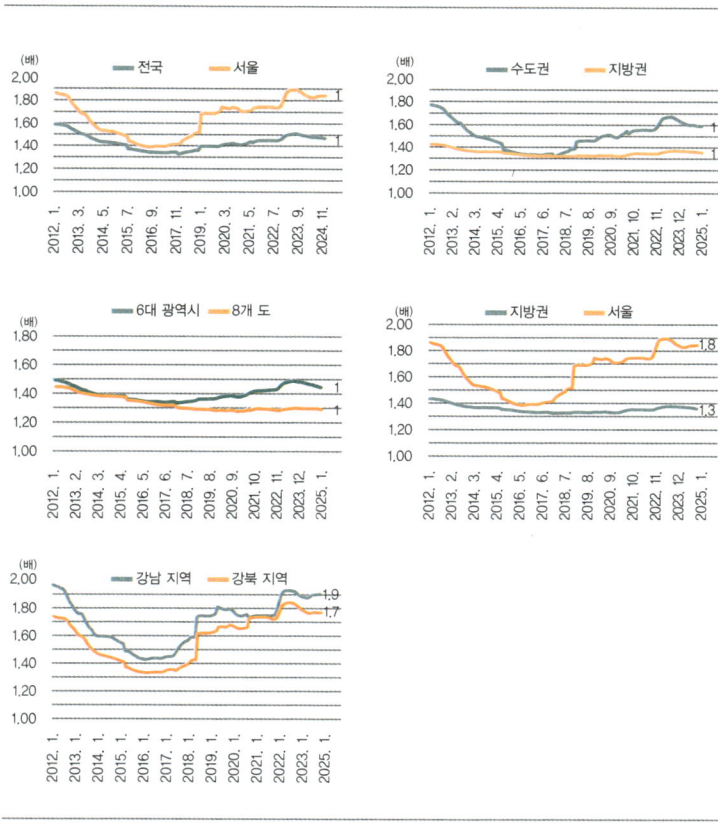

자료: 부동산원, 통계청, 채부심

료가 오르지 않더라도 시장에서는 해당 지역을 긍정적으로 해석하고 좋게 보고 있음을 알 수 있다.

2019년 전후로 서울 부동산을 전국적으로 가장 좋게 보고 있음을 확인한 것도 파악할 수 있으며, 2025년 현재에도 지방 부동산의 멀티플이 회복되지 못함을 보여주고 있는 것도 확인할 수 있다.

어떤 부동산을 편입해야 할지, 이미 답이 나와 있다고 보면 좋겠다. 높은 멀티플과 높은 수준의 임차료 상승이 기대되는 지역의 부동산이라면 적극 취득하는 것이 맞다. 그렇지 않은 지역의 부동산이라면 보유하고 있을 이유도 없다.

05

이사를 갈까, 매매를 할까, 월세 살고 주식을 할까

2025년 초, 한겨레의 초청으로 '휘클리h-weekly 심화반'이라는 프로그램에 강연을 나간 적이 있다. 언론사에서 개최하는 강연은 강사료가 적은 것으로 유명하지만 나는 지금까지 언론사로부터 행사나 강연 요청을 받았을 때 강사료 문제로 거절한 적이 한 번도 없기에 흔쾌히 응했다. 휘클리는 한겨레가 매주 목요일 정오에 발송하는 뉴스레터이며, 대면 수업으로 '휘클리 심화반'을 운영한다. 부동산 투자를 주제로 한 이번 행사에는 20~30대로 보이는 젊은 여성들이 많이 참가한 듯했다.

강의가 끝난 후 공통 질의 시간. 내게로 이런 내용의 질문지가 전해졌다.

"사회생활을 10년 넘게 하면서 돈을 모아 지금 4억 3,000만 원 전세를 살고 있는데, 대출이 8,000만 원 정도입니다. 즉, 현금을 3억 5,000만 원 정도 보유하고 있는 상황. 그런데 지금 사는 집이 오래되었고, 근처에 신축 단지가 들어섰는데, 그곳의 전세는 5억 5,000만 원입니다(매매가는 10억 원 정도). 그러니 이 주택을 매수하려면 대출을 7억 원 정도를 내야 하는데, DSR(총 부채 원리금 상환 비율)을 계산하면 사실상 어렵고, 전세로 들어가자니 전세 대출을 기존 8,000만 원에서 1억 5,000만 원으로 늘려야 하니까 이자비 지출이 증가해 고민입니다. 채부심 님이라면 어떡하시겠어요?"

나의 답은 아주 간단했다.

현재 전세대출제도상 전세가액의 80%까지 대출이 나오는 상황이니 전세금 5억 5,000만 원의 80%인 4억 4,000만 원을 대출하고, 대출 금리를 4%로 가정해 보자. 기존 대출 8,000만 원의 4%라면 320만 원인데 4억 4,000만 원의 4% 이자는 1,760만 원으로 이자비가 급팽창한다. 그런데 반대로 보유 현금 3억 5,000만 원 중 1억 1,000만 원만 전세 원금으로 사용하고, 나머지 2억 4,000만 원을 활용할 수 있다.

그러면 너무나 당연하게 전세 4억 4,000만 원의 이자인 1,760만 원에 대해서, 앞서 1억 4,000만 원을 14%의 고배당주에 넣으면

1,960만 원이 나오고, 세금 15.4%를 공제하면 1,658만 원을 받을 수 있으므로 전세 대출 이자 비용과 거의 비슷하게 맞출 수가 있다.

그러고도 현금 1억 원이 남는데, 이 돈은 성장주 장기 투자를 하든, 부부가 추가로 1억 원을 더 배당 주식에 넣어서 월 현금 흐름을 다시 연간 1,400만 원 정도 늘릴 수 있다.

반면 집을 살 경우에는 대출 부담이 너무 과도하게 높아지므로 지금은 맞지 않고, 나중에 소득이 좀 더 쌓인 후에 사는 게 더 나을 것이라 생각한다. 그리고 현금 흐름이 개선되면 그것으로 소비를 해도 좋지만, 일단은 자금을 잘 모아두는 삶을 살다가 자가를 마련하는 것이 좋겠다고 조언했다.

어쩌면 이때의 조언이 지금 이 책을 읽는 독자들에게 하는 조언과도 비슷하다.

첫째, 자기 소득의 10배 이상의 주택을 사는 것을 지양해야 한다. 특히 멀티플이 높지 않은 지역이라면 소멸 리스크와 저성장 리스크를 시장이 반영하고 있는 것이어서, 피크아웃 시대에 부적합한 주택 매수에 가깝다.

둘째, 한국의 주거비가 싸다는 것을 인정할 필요가 있다. 특히 임차의 경우에는 주거비가 매우 낮은 편이다. 수도권 거주자는 자기 소득의 20%, 지방 거주자는 15%를 주거비로 내고 있으며(2023년 주거환경복지조사), 그 비중은 다른 나라보다 낮다. 미국만 해도 소득의 30%를 주거비로 내고 있다.

수치로도 그렇다. 한국의 전세와 월세의 전환율은 서울 4.5%, 경기도 5%인데, 서울의 주택 가격을 전세가의 2배라고 평균한다면 서울의 월세율은 2.25%가 된다(4.5%÷2=2.25%). 10억 원 주택일 경우 전세는 5억 원, 월세는 전세의 4.5%인 2,250만 원이라는 의미다. 그렇다면 2,250만 원÷10억 원은 2.25%가 된다.

이 정도로 낮은 주택 임차 수익률을 보이는 나라는 거의 없다. 일본조차도 도쿄 핵심지인 아자부힐스, 롯본기힐스를 포함하는 치요다, 미나토, 추오구 등의 도심 3구도 3.5~4.0% 정도의 임차료를 낸다. 그런데 한국에서는 서울 한복판이라도 겨우 2.5% 미만의 임차료를 낸다. 이는 반대로 말하면 주택 가격이 고평가되었다는 신호로 해석할 수도 있다. 이 부분에 대해서는 다른 책(『아파트, 이 가격 오면 사라』)에서 정리했지만, 핵심은 주택 매매가는 지금의 월세 현금 흐름만을 반영한 것이 아니라 재건축 후의 현금 흐름까지 모조리 반영하고 있다는 것이다. 다시 말해 재건축을 하기 전의 상황에서는 임차가 주거비를 절감하는 데 크게 기여할 수 있다는 의미다.

셋째, 이러한 방식으로 임차를 선택하는 것이 자산 운용의 목표일 수는 없다는 점이다. 부동산 가격이 하락하거나 상승 폭이 적더라도 자가 구입을 통해서 주거 복지를 높이는 것은 우리가 추구해야 할 보편적 가치 중 하나다. 실제로 집을 사서 가구를 들이고 마음에 드는 인테리어로 꾸며본 사람과 그렇지 않은 사람의 거주 만족도나 삶의 평온함은 차이가 클 것이다. 물론 현금 흐름이 풍족하다면 임차를 선택하더라도 '주거 불안'을 느끼지 않을 수 있다. 하지만 그 집에서 장기 거주하는 것은 어려울 수도 있으니, 적절한 수준에서 자가를 마련하는 것이 더 나은 방법이다. 즉, 임차 비용을 절감하면서 현금 흐름을 풍부히 만들고, 이를 통해서 형성한 자산으로 자가를 취득하는 것을 목표로 해야 한다.

30대 후반이라고 하더라도 3억 원을 모아놨다면 그것은 매우 큰 돈이다. 그 돈은 40대 기준으로는 사실 8억~9억 원을 모아놓은 것과 비슷하다. 결코 적은 돈이 아니다. 그래서 앞서 살펴본 것처럼 대출을 차감하고도 투자 여력이 1억 원 이상 만들어진 것이다. 물론 나라면, 미혼일 경우라면 정말 작은 집에 살면서 주거비를 극도로 낮추어 현금 흐름을 더 키우는 선택을 했을 것이다.

연금 전략

01

연금제도
완벽히 이해하기

지금까지 살펴본 내용만으로도 노후를 준비하는 데 충분할 수 있지만, 노후 준비에 있어서 가장 중요한 것은 은퇴 시점의 현금 흐름이며, 이를 도와주는 가장 중요한 존재가 연금이다. 따라서 아무리 해외 주식과 ETF로 포지션을 잘 잡고 있다고 하더라도, 연금을 통해서 나의 노후 현금 흐름을 충분히 확보하는 것의 중요성도 결코 간과할 수 없다. 즉, 연금도 '은퇴 아닌 금퇴'를 준비하는 과정에서 필수 불가결한 요소다.

요즘은 사회 초년생부터 연금저축에 관심을 가지고 노후를 준비하는 사람들이 적지 않다. 20대부터 개인연금을 가입해야 마냐를 두고 설왕설래 말도 많다.

토스뱅크 사이트를 보면 개인연금 시작하기 좋은 나이를 20대라고 한다. '거, 개인연금 하기 딱 좋은 나이네.' 뭐, 이런 느낌으로 읽으면 된다. 20대에게 개인연금을 추천하는 이유를 살펴보면 연금은 어릴 때부터 넣어두는 것이 좋고, 또 개인연금은 원금과 이자가 합쳐진 금액에 다시 이자가 붙는 복리 효과와 재투자 효과가 있고, 연금을 수령할 때 세금이 나중에 부과되는 과세 이연 혜택이 있어 재투자 효과가 극대화되고, 아울러 세액 공제 혜택도 적용되어서 새나가는 세금을 막아 노후 기반이 탄탄해진다는 것이 주 논리다.

한편 20대부터 연금저축을 가입하는 것을 반대하는 논리도 있다. 앞서 살펴보았던 TDF의 개념대로, 젊을 때는 위험 자산 투자를 늘리고 나이가 들면 위험 자산을 줄이는 큰 개념의 자산 배분을 해야 하는데, 20대부터 저축성 상품을 들면서 위험 자산 투자를 덜 하는 게 좋지 않다는 것이다.

두 주장이 모두 맞는데, 그러면 20대는 어떤 식으로 노후를 준비해야 할까? 그리고 30대, 40대, 50대, 60대 이상은 어떻게 연금 제도를 활용해야 할까?

나무를 보기보다 숲을 보라고, 연금을 잘 준비하려면 결국 연금 제도에 대한 이해를 높이는 것부터 시작해야 한다. 일단 국가와 시장에 존재하는 연금제도와 금융제도 등에 대해서 폭넓은 이해를 하고 있다면 자신의 연금을 스스로 디자인하지 못할 이유가 없다. 그러나 우리는 바쁜 생활에 쫓기고, 현업에 치여 연금에 대해 공부할 시간이 없거나, 재테크 방법으로 주식과 부동산에만 관심을 두다 보니 어쩌면 더 중요한 연금을 잘 준비하지 못한 채 노후를 맞이하게 되는 것이 아닐까 싶다.

보험연구원이 2013년에 발간한 자료를 토대로 우리나라의 사회보장제도를 개략적으로 분석하면 오른쪽의 그림이 나온다.

가장 큰 분류 기준은 '공적public' 연금과 '사적private' 연금이다. 공적 연금은 국가나 공공기관, 지자체 단위에서 운영하는 사회보장제도이고, 사적 연금은 말 그대로 민간이 운영하는 연금과 노후보장이다.

그림에서처럼, 공적 연금과 사적 연금을 층층이 쌓아 올려서 '다층 구조'를 가지는 것이 우리나라 연금제도의 특징인데(해외 대부분의 나라도 다층 연금제도), 공적 연금은 0층과 1층을, 사적 연금은 2층과 3층을 차지하고 있다.

공적 연금과 사적 연금에 대한 기준을 잘 파악하는 것이 중요한데, 많은 민간 금융기관은 사적 연금 시장을 키우기 위해 역설적

● 우리나라의 노후 보장 체계

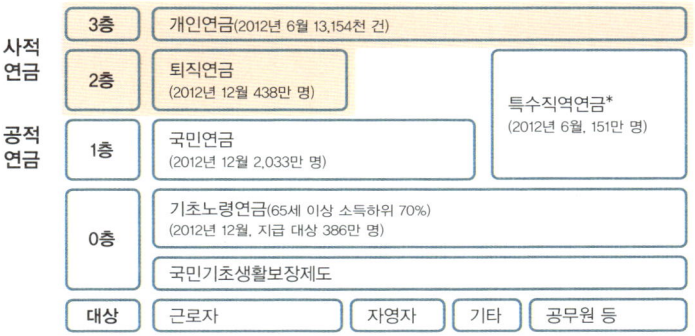

주: 1) ( ) 안은 각 연금의 가입자 수(단, 개인연금은 연금저축, 연금보험을 합산한 건수).
2) * 특수직역연금은 공무원, 사학, 군인, 별정우체국연금으로 구성되며, 군인은 2011년 기준으로 산출되어 합산됨.

자료: 보험연구원(우리나라의 연금제도 및 연금 과세 체계)

으로 공적 연금 시장이 부실화되는 것을 방치하거나, 공적 연금제도에 대한 비판의 목소리가 높아지는 것을 유도하는 경향이 있어서다.

국민연금의 개혁에 관한 내용을 정리한 『국민을 위한 국민연금은 없다』(김우창, 원종현, 유원중 공저, 2024)에 따르면, 퇴직연금 등과 같은 사적 연금이 등장하면서 국민연금이 부실해진 경향이 있다.

따라서 노후를 준비하면서 무조건적으로 공적 연금은 안 된다며 사적 연금 중심으로만 구성하려는 자세보다는 공적 연금의 현 상황과 앞으로 어떤 방향으로 흘러갈 것인지, 또 사적 연금은 어떤 차원에서 준비하는 것이 맞는지 잘 판단해야 할 시기다.

국민연금을 드는 게 나아요, 안 드는 게 나아요?

우리나라의 연금제도 중에서 인지도가 가장 높고, 사실상 노후 준비의 코어라고 할 수 있는 제도가 국민연금이다. 국민연금은 1988년 만들어져서 지금까지 운용되고 있는데, 젊은 층에서는 이 연금을 그냥 없애자고 하고, 중년층 이상에서는 연금의 소득 대체율을 높이자고 주장하는 등 연금 관련 논의의 중심은 보통 국민연금에서부터 시작이 된다.

먼저 국민연금은 공무원 등의 가입자를 제외한 전 국민을 대상으로 연금제도를 운영하고 있다. 18세 이상~60세 미만의 전 국민이 현재 의무 가입 대상이다. 그런데 소득 활동에 종사하지 않는다면 당연히 가입할 수 없으므로(전업주부나 학생 및 군인 등) 이들에 대해서는 의무 가입이 면제된다.

그렇다면 경상적 소득 활동을 하는 사람들 중에서, 경상소득 중 근로소득자는 보통 직장 단위에서 가입을 한다. 이를 사업장 가입자라고 하고, 경상소득 중 사업 소득으로 분류되는 프리랜서 등은 개인 단위로 가입하기에 지역 가입자라고 한다. 한편 의무 가입 대상이 아닌데도 스스로 가입하는 사람을 임의 가입자라고 부른다. 또 납부한 국민연금 보험료가 있는 가입자 또는 가입자였던 사람이 60세에 달했으나 가입 기간 부족으로 연금을 받지 못할 때는 65세에 달할 때까지 임의 가입자를 유지할 수 있는데 이를 임의 계속 가입자라고 한다.

2024년 11월까지 정리된 국민연금 가입자 현황 통계를 보면 다음과 같다. 핵심은 총 가입자 수가 증가하다가 2023년부터 감소세로 접어들었다는 것이다. 특히 사업장 가입자가 줄어들고 있음을 알 수 있다. 지역 가입자 역시 감소했다. 이에 대해서는 많은 언론이 국민연금 가입자 감소로 인해서 납부금이 감소하는 속도가 빨라지고, 반대로 나가야 할 돈은 많아질 것이라고 우려를 하는 부분이다.

구분	계	사업장 가입자	지역 가입자	임의 가입자	임의 계속 가입자
1988. 12. 31.	4,432,695	4,431,039	-	1,370	286
1992. 12. 31.	5,021,159	4,977,441	-	32,238	11,480
1995. 12. 31.	7,496,623	5,541,966	1,890,187	48,710	15,760
1996. 12. 31.	7,829,353	5,677,631	2,085,568	50,514	15,640
1999. 12. 31.	16,261,889	5,238,149	10,822,302	32,868	168,570
2006. 12. 31.	17,739,939	8,604,823	9,086,368	26,991	21,757
2007. 12. 31.	18,266,742	9,149,209	9,063,143	27,242	27,148
2008. 12. 31.	18,335,409	9,493,444	8,781,483	27,614	32,868
2009. 12. 31.	18,623,845	9,866,681	8,679,861	36,368	40,935
2010. 12. 31.	19,228,875	10,414,780	8,674,492	90,222	49,381
2011. 12. 31.	19,885,911	10,976,501	8,675,430	171,134	62,846
2012. 12. 31.	20,329,060	11,464,198	8,568,396	207,890	88,576
2013. 12. 31.	20,744,780	11,935,759	8,514,434	177,569	117,018
2014. 12. 31.	21,125,135	12,309,856	8,444,710	202,536	168,033
2015. 12. 31.	21,568,354	12,805,852	8,302,809	240,582	219,111
2016. 12. 31.	21,832,524	13,192,436	8,060,199	296,757	283,132
2017. 12. 31.	21,824,172	13,459,240	7,691,917	327,723	345,292
2018. 12. 31.	22,313,869	13,817,963	7,694,885	330,422	470,599
2019. 12. 31.	22,216,229	14,157,574	7,232,063	328,727	497,865
2020. 12. 31.	22,107,028	14,320,025	6,898,118	362,328	526,557
2021. 12. 31.	22,347,586	14,580,825	6,827,009	396,632	543,120
2022. 12. 31.	22,497,819	14,785,761	6,845,744	365,487	500,827
2023. 12. 31.	22,384,787	14,812,062	6,714,114	324,601	534,010
2024. 11. 30.	21,786,557	14,741,176	6,236,482	319,697	489,202

자료: 국민연금공단

어쨌든 이 책에서는 연금제도 개혁을 다루는 것이 아니라, 연금의 종류와 나의 위치가 어디인지를 확인하는 데 있으므로 이 정도로 하고 넘어가자.

그런데 앞의 통계를 다시 한번 보면, 2024년 말 기준 총 2,178만 명 중에서 사업장 가입자가 1,474만 명이고 지역 가입자가 623만 명이다. 임의 가입자나 임의 계속 가입자는 합쳐서 80만 명이 넘지 않는다. 그런데 한국의 인구 중 18~60세가 이렇게 적을까?

그래서 국민연금공단에서는 18~60세 인구 중 공무원 등을 제외하고, 국민연금 가입이 가능한데도 여전히 가입하지 않은 사람이 26.1%에 해당한다고 밝히고 있다. 그 수치가 아래다.

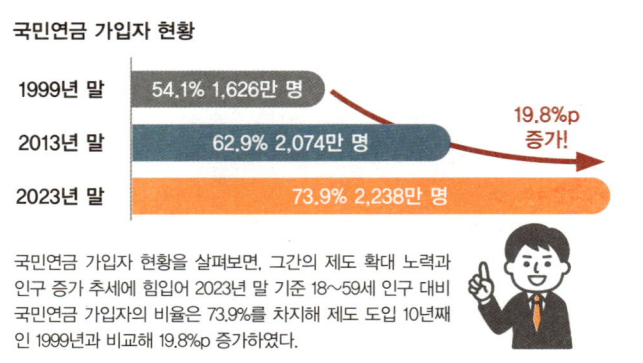

출처: 국민연금공단

즉, 가입 대상자 3,028만 명 중 26.1%인 790만 명이 국민연금에 가입하지 않은 상태다. 이는 미래의 한국은 국민연금에 가입하지 않은 약 800만 명에 대한 사회복지기금 지출이 폭증할 수 있음을 의미한다. 이에 사적 연금 회사들은 국민연금의 기금이 고갈되고 이후에는 제대로 운영이 되지 않을 가능성이 높다며 공적 연금제도를 공격하고 있다. 그리고 사적 연금 시장이 커지면서 사세가 커지는 금융기관들이 실제로 적지 않다.

그러나 직역연금(공무원연금, 사학연금 등)을 확정적으로 받지 않는 사람이라면 일단 국민연금에 가입을 하도록 하자. 노후 준비를 하면서 국민연금을 가입하지 않는 것이야말로 어불성설이다.

극단적으로 당장 한 달이라도 가입을 해서 납부를 하고, 가입 기간이라도 유지를 해두는 것이 좋다. 청약제도에서처럼 필요한 예치금을 입주자 공고 전에만 납부하면 되듯이, 연금도 배분 전까지만 해당 납부금을 한 번에 내도 되기 때문이다. 그러니 일단 국민연금은 가입하고 나서 노후 준비든 뭐든 시작하도록 하자.

참고 자료
더 빨라진 국민연금 가입자 감소, 사업장 가입자도 감소 선회할 듯
www.yna.co.kr/view/AKR20250208056800530

03

퇴직연금을 운영하라

나는 2011년부터 2014년까지 LIG투자증권 리서치센터에서 애널리스트로 일하다가, 2014년에 하나증권으로 옮기게 되었다. 여의도 증권사는 경력직 채용이 일반적이라 나도 같은 방식으로 채용이 되었는데, 스카우트 겸 면접을 하러 온 하나증권 리서치센터장이 다른 조건을 다 말하고 최종적으로 연봉을 얘기하는 상황이 되었다.

그런데 원래 나도 가고 싶었던 곳이고 당시 나의 애널리스트 순위가 높았던 것도 아니라서 이전 연봉과 같은 금액을 받아도 갈 생각을 하고 있었다. 당시 리서치센터장은 "채상욱 씨, 연봉 얼마 받아요?" 하고 물었다. "○○원입니다."라고 답했더니 "거기에 퇴직금 포함, 미포함?" 하고 또 물었다. "아, 포함입니다."라고 하자 "그러면 우린 같은 금액으로…… 퇴직금 미포함으로 맞춰줄게요."라고 했다. 결과적으로는 연봉이 약간 오른 셈이 되었다.

당시 연 단위로 계약하는 전문 계약직은 연봉 1억 원이라면 이것을 1/12로 해서 월급을 주고 추가로 퇴직금을 1/12만큼 더 줄 것인가, 아니면 1억 원을 퇴직금도 다 포함시켜서 1/13으로 나누고 월급은 매달 1/13만큼 나가느냐를 정했다. 1/13보다는 1/12가 더 크니까 결과적으로 이직을 하면 조금 더 준다는 의미였다. 그게 그렇게나 고마울 수가 없었다.

2006년 즈음에는 삼성물산에 다니고 있었는데, 공사 중인 현장으로 관리팀 직원이 와서 전 직원을 모아놓고 퇴직금 제도가 변경되었으니 DB Defined Benefit (확정 급여형)와 DC Defined Contribution (확정 기여형) 중에서 골라야 한다고 설명을 했다. 당시 나는 업무가 너무 많이 몰려 정신이 없고, 입사한 지 3년 정도밖에 안 된 터라 퇴직금에 대해 생각해 본 적이 없었다. 그래서 "다른 사람은 뭐 한다고 해요?"라고 물어보고, 많은 사람이 DB를 선택하기에 "그러면 저도 DB를 하겠습니다."라고 대답하고 다시 현장으로 안전모 쓰고 달려갔던 기억이 있다.

그러나 지금 이 순간에는 퇴직연금이 어쩌면 개인들의 은퇴를 잘 준비해 줄 존재가 아닌가 하고 생각하고 있다. 인생에서 가장 큰 이직의 순간이나 혹은 맨 처음 다니던 회사에서 퇴직급여제도가 변경되면서 DB, DC를 처음으로 선택했던 경험을 할 때만 해도 퇴직연금이 뭔지 개념도 몰랐었는데, 지금은 많이 바뀐 것이다.

이유는 바로 미국의 퇴직연금제도인 401K(미국의 은퇴자금융계좌) 부자들을 직접 만나면서부터였다. 401K가 많은 미국 직장인을 백만장자로 만들면서 조기 퇴직하게 하는 것을 보고 그야말로 충격을 받았다.

나는 반도체 공장에서 건설 업무를 하면서 사회생활을 시작했기에 주변에 반도체 라인 건설이나 관련 공종 기술자가 많고, 인텔, ASML 등으로 이직한 사람도 많다. 그런데 이들 중 미국 생활을 하는 사람도 적지 않은데, 이들이 40대 중반이 되었을 때 만나는 엔지니어 중에는 정말 40대에 조기 은퇴를 401K로 충분한 돈을 모아서 하는 사람들이 많고, 이것이 꽤 일상화되어 있다고 했다. 특히 연봉이 오르면 납입액을 더 늘려서 퇴직연금을 불린다는 말과 함께 말이다.

한국도 퇴직연금제도가 시행되기 전에는 '퇴직금'을 목돈으로 주는 것이 일반적이었다. 그러다 '퇴직 급여'처럼 월 배당 형태로 주는 상품으로 연금처럼 변하게 된 것이 현재의 퇴직연금이다.

퇴직연금제도로 개편된 이후에는 DB(확정 급여형)와 DC(확정 기여형)로 구분해 운용한다. 아마 지금도 이 두 가지가 무엇인지 헷갈리는 사람이 적지 않을 텐데, 나 역시 이 단어를 처음 들은 지 20년이 되지만 지금도 헷갈릴 정도다.

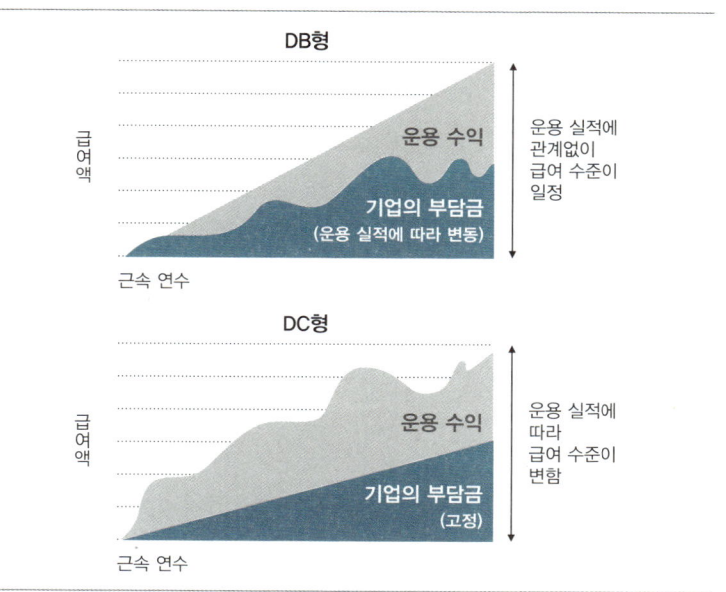

출처: SC제일은행

기본 개념을 살펴보면, DB, 즉 확정 급여란 근로자의 계약 연봉 수준과 노사가 합의한 퇴직연금 계약에 따라서 퇴직 급여를 얼마나 받게 될지 사전에 결정하는 형태이다. 이러한 구조는 종전의 퇴직금제도와 규모가 유사하고, 그 퇴직금이 운용되어서 생기는 운용 수익과 무관하게 정해진 금액을 받을 수 있는 제도다.

DC인 확정 기여의 경우에는 좀 다른데, DB와는 정반대로 기업체가 내야 할 부담금을 고정화하고, 개인들은 퇴직연금을 운용해서 얻는 수익을 모조리 퇴직 급여로 받을 수 있다.

그러면 DB는 누구에게 유리하고, DC는 누구에게 유리할까?

먼저 토스뱅크가 정리한 퇴직연금 수령액 비교 표를 살펴보자.

오른쪽 표는 DB와 DC형으로 퇴직연금을 구성하고 운영하는 직장인이 은퇴 시점에 받을 수 있는 퇴직 급여 수령액의 합계를 보여준다. 직관적으로는 연봉이 꾸준히 상승하는 직업의 경우에는 DB형이 유리한 것처럼 표기되어 있다. 그러나 토스뱅크도 주석에서 DC를 통해서 수익률을 5.79%로 높인다면 이 금액은 1억 1,022만 원이 아니라 1억 9,155만 원이 된다고 안내하고 있다. 6%가 안 되는 수준인데도 이렇다.

그리고 지금 20대가 아니라면, 일단 40대 중반부터 은퇴 준비

● **사례를 통한 DB형, DC형 퇴직연금 예상 수령액 비교** (단위: 만 원)

근무 기간(년)	연봉	월 급여	DB형 적립금	DC형 적립금
1	4,000	333	–	333
2	4,200	350	–	683
3	4,410	368	–	1051
4	4,631	386	–	1,437
5	4,862	405	–	1,842
6	5,105	425	–	2,267
7	5,360	447	–	2,714
8	5,628	469	–	3,183
9	5,910	492	–	3,676
10	6,205	517	–	4,193
11	6,516	543	–	4,736
12	6,841	570	–	5,306
13	7,183	599	–	5,904
14	7,543	629	–	6,533
15	7,920	660	–	7,193
16	8,316	693	–	7,886
17	8,731	728	–	8,613
18	9,168	764	–	9,377
19	9,626	802	–	10,180
20	10,108	842	16,846	11,022
합계	–	–	16,846	11,022

자료: 토스뱅크

작업을 하는 입장에서는 거의 예외 없이 DC형을 선택하는 것이 유리하다. 왜냐하면 이 책의 독자들은 앞으로 연간 복리 수익률

8% 이상을 맞추기 위해서 자산 배분 작업과 세팅을 할 것이고, 배당 소득 증가부터 퇴직연금까지 총체적으로 TDF적 관점에서 자산 배분을 할 것이기 때문이다.

즉, 연 소득의 증가만을 바라는 아니라, 자산이 복리로 장기 고수익률로 증가하는 효과를 가장 크게 보려고 한다면 DC가 거의 무조건 유리하다. 운용 수익을 가입자가 모조리 받을 수 있기 때문이다.

앞의 표는 DB형에 대해서 사업체가 퇴직연금을 상당히 잘 운용해 줄 것처럼 적어놨지만, 실상 많은 퇴직연금 DB형은 은행 예금 정도에 들어가 있고, 이는 물가 상승률에도 미치지 못하는 명목 가격 상승률을 보이고 있다.

고용노동부는 퇴직연금과 관련한 통계를 연 단위로 정리하여 공표하는데, 현재 기준 '2023년 퇴직연금 통계'가 가장 최신이다. 리포트의 가장 앞부분에 하이라이트가 나오는데, 오른쪽 그림으로 많은 것을 설명할 수 있다.

제도 유형별 비중을 보면 DB 53.7%, DC 25.9%로, 사실상 퇴직연금제도는 대부분 DB와 DC로 운영되고 있다. 차후 살펴보겠지만 '개인형 퇴직연금'인 IRP는 20% 정도 비중이다.

● 제도 유형별 운용 방식 적립금 현황

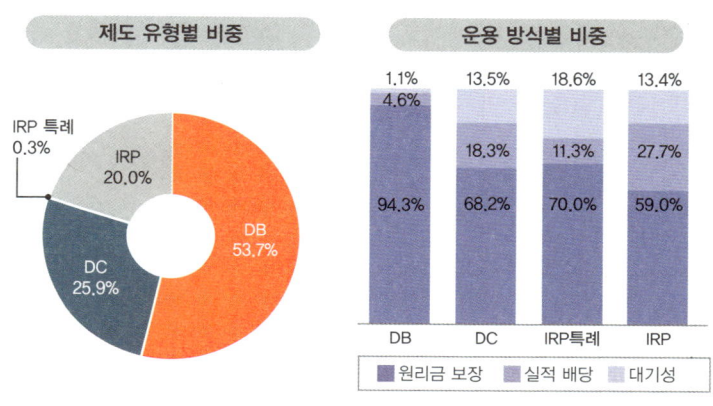

자료: 고용노동부

우선 DB형을 보면, DB형에서 원리금 보장형이라고 하는 예금 상품 등에 투자하는 비중이 94.3%에 해당한다. DB는 퇴직연금의 운영을 개인이 아니라 '사업주'가 하는데, 사업주가 사실상 퇴직연금을 그냥 예금에 집어넣어 두고 관리를 하지 않고 있다고 봐도 무방한 수준의 비중이다.

개인들은 사업체에서 열심히 일해서 향후 퇴직연금을 많이 받아가려고 준비하고 있는데, 막상 기업체는 퇴직연금을 정기예금 1%대 금리 등에 넣고 운영하고 말거나 하는 식인 것이다. 이런 식이라면 20년이 아니라 40년이 걸려도 은퇴 준비를 할 수 없다.

둘째는 퇴직연금을 중도 인출하는 사례가 많다는 것이다. 현재 퇴직연금은 2023년 말 기준으로 714만 명이 가입하고 있다. 그런데 2023년 한 해에 6만 4,000명이 퇴직연금을 인출해서 퇴직금처럼 사용하였다. 그 배경에는 '주택 구입'이나 '주거 임차'가 가장 높은 비중을 차지하고 있다.

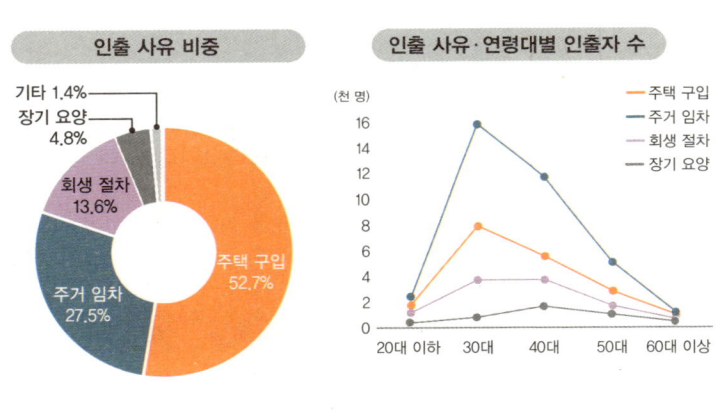

자료: 고용노동부

30대나 40대에 퇴직연금을 주택을 구입하거나 임차하는 데 사용해 버린다면, 그것은 연금의 2단계인 기업연금 부분을 완전히 날

려버리는 것과 다름없다. 주택이 노후를 책임진다고? 그 말도 틀린 말은 아니다. 그러나 이런 방식으로 운영을 하기 때문에 한국에서는 미국과 같이 '연금 백만장자'가 잘 나오지 않는 것이다.

기본적으로 퇴직연금에 대해서 40대라면 DC형으로 결정하고 운영하도록 하자. DC형은 투자 운용을 '개인'이 하는 것이고, 개인의 투자 운용에 대한 성과를 개인이 모조리 수취할 수 있는 구조이다. 물론 40대에도 높은 연봉에 도전하고, 이직 등을 통해서 DB형의 수익을 극대화하는 방향으로 가는 것도 틀린 것은 아니다. 공공 기관 등 연봉이 호봉으로 지정되는 기관에서는 DB를 베이스로 하는 것도 적합하다. 그러나 애초에 DB는 기업들이 제대로 운영하지 않으며, 사실상 예금에 넣어두고 방치하는 통에 물가 상승률만큼도 올라가지 못하고 오히려 원금을 실질로는 까먹는 결과를 만들기도 한다.

DC를 선택하면 운용 결과를 오롯이 맞이하는 것도 있지만, 위험 자산 편입을 장기간 하더라도 위험하지 않다는 것을 체감하게 된다. 기본적으로 3년 이상의 장기 투자가 이뤄진다면 그 어떤 미국 자산 투자도 손실을 보는 구간이 존재하지 않는다. 따라서 이러한 경험을 통해 장기 투자의 마인드를 장착할 수 있다는 점에서

DC를 선택하고, 위험 자산 비중을 70%로 최대한 맞춰서 세팅하는 것을 추천한다.

참고 자료

퇴직연금 DB형이 더 문제다
www.edaily.co.kr/News/Read?newsId=01151286639052920&mediaCodeNo=257

연금저축
하지 마라

〈채부심〉 유튜브 채널에 편집자나 PD를 채용할 때는 이런저런 질문을 한 후에 혹시 재테크는 어떻게 하는지 묻곤 한다. 35세 이하의 청년들이 오면 더 묻곤 하는데, 거의 예외 없이 "연금저축을 하고 있다."는 답변을 내놓곤 한다.

통상 이때의 연금저축은 연금저축펀드를 의미하는 경우가 많은데, 30대의 나이에 60대는 되어야 받을 수 있는 저축이나 펀드를 한다는 측면에서 일단 놀라곤 한다.

연금저축은 신탁, 펀드, 보험이 가능한데, 이 중 요즘 가장 일반적인 상품은 연금저축'펀드'다. 연금펀드는 말 그대로 '펀드'로 ETF 등에 투자할 수 있는 상품인데, 개인이 이들 상품을 선택할 수 있다.

그런데 여기서 다시 한번 TDF Target Date Fund 개념이 등장한다. 연금저축펀드는 말 그대로 은퇴 시점을 고려하고 가입하는 것이기 때문에, '초장기'를 전제하고 가입하는 경우가 많다. 30대가 2025년에 가입한다면 55세 정도까지 20년 남았다고 볼 때 TDF 2045 등에 가입하는 식이다. 그리고 TDF는 살펴본 것처럼, 운용 기간이 많이 남을수록 주식 등 위험 자산을 편입하고, 은퇴 시점이 얼마 안 남았으면 채권 등을 매수한다.

그렇다면 직관적으로 TDF 2025보다는 TDF 2030이, TDF 2030보다는 TDF 2040이 더 수익률이 높지 않을까? 왜냐하면 뒤로 갈수록 위험 자산 편입률이 높기 때문이다.

자료: 한국투자증권

Chapter 6. 연금 전략

한국투자증권의 TDF를 검색해 보면 왼쪽 표를 볼 수 있는데, 실제 수익률로 정렬해 보면 이렇게 나온다. 많은 TDF 중에서 결국 가장 높은 수익률은 TDF 2050이라는 의미다.

펀드 요약을 보면 TDF 2050은 다음 그림과 같은 포트폴리오를 갖고 있다. 은퇴 이전에는 주식을 최대 80%에 육박하게 보유하고 있다가 은퇴 시점으로 갈수록 낮춰서 40%의 주식과 60%의 채권으로 전통적인 6:4 포트폴리오를 유지하는 것이 TDF 2050이다.

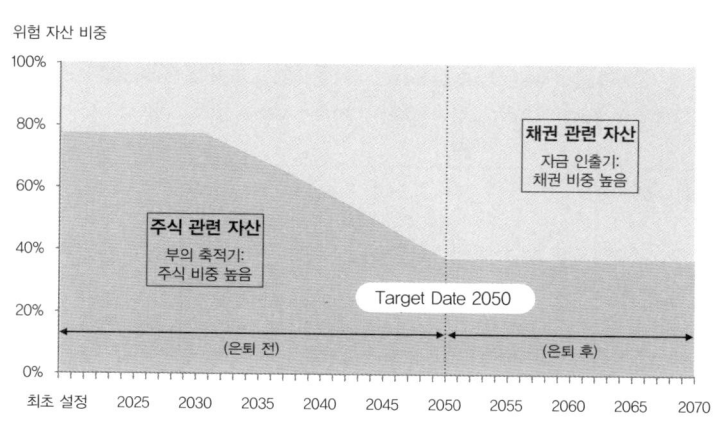

자료: 한국투자증권

TDF 2025와 비교해 보자. TDF 2025는 설정일 이후 은퇴 시점이 짧다 보니 주식 비중을 높이려고 했지만 설정 때만 60%였으며, 은퇴 시점인 2025년이 되자 40%로 내려왔고, 현재 40%가 유지되고 있다. 그래서 수익률이 낮은 것이다.

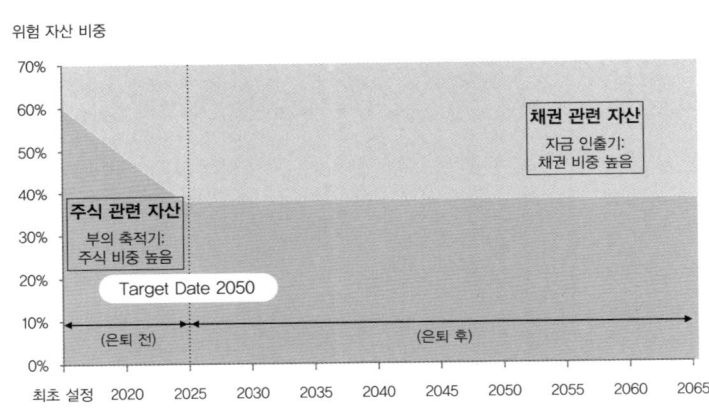

자료: 한국투자증권

애초에 모든 자산은 '위험-수익률'의 관계를 가지고 있고, 이를 '리스크-리턴 프로파일Risk-Return profile'이라고 부른다. 높은 위험(리스크)이라면 높은 수익률(리턴)을 갖는 것이 장기 균형에 맞다는 것인데, 위험이 낮은 채권의 수익이 낮고, 위험도가 높은 주식의 수익이 높다는 의미다.

이런 맥락에서, 개인의 연금저축펀드를 운용하고, 장기 연금화 상품을 운용하는 행위 자체는 매우 바람직한 자세라고 할 수 있다. 그러나 결국 개인의 연금저축펀드도 어떤 상품을 가입하느냐가 수익률을 결정하며, 그런 맥락에서 합리적 의사 결정이 필요한 것이다.

연금저축성 상품들은 소득 기준 5,500만 원이 넘느냐 아니냐에 따라서 세액 공제의 금액이 달라지는데, 결과적으로 600만 원이나 900만 원의 세액 공제를 받을 수 있다는 점에서, 세액까지 고려하면 괜찮은 상품이 된다.

장기간의 투자를 할 수 있고, 세액 공제를 받는다는 장점이 있는 연금저축펀드 중 2022년 이후 편입하면 좋을 상품이 바로 '리츠'다. 국내에 상장된 공모 리츠를 편입할 수 있기 때문에, 일본부동산(H)과 같은 리츠에도 편입할 수 있다. 이 경우, 연금저축액 납입액(IRP 포함 연간 1,800만 원 한도)에 따라서 세액 공제를 받는 것을 잘 응용하여 실질 수익률을 높이는 룸이 존재한다.

결국 국내 상장 리츠의 세액 공제 이후의 수익률이 해외 상장 리츠의 수익률보다 좋아야 한다는 결론인데, 현재 한국의 국내 상장 리츠에서 AGNC, NLY보다 세액 공제 이후 높은 수익률을 내기란 사실상 어렵다. 따라서 굳이 연금저축펀드를 필수로 생각할 필요는 없을 것이다.

위험 자산을 선택했다면 높은 확률로 해당 수익률의 달성이 가능한지를 따지는 것이 핵심이다. 위험 자산이라는 용어 자체가 위험을 내포하고 있고, 위험은 원본 손실을 의미한다. 따라서 세액 공제를 받자는 마음으로 원본 손실을 감수하면서까지 낮은 수익률의 위험 자산에 투자하는 것은 주객이 전도되는 셈이다.

정면 승부하고, 포트폴리오를 오히려 깔끔하게 가져가는 것이 좋다. 연금저축펀드 대신 IRP 운용만으로 충분하다. IRP는 개인형 퇴직연금이라서 퇴직연금의 연장선에서 운영되기 때문이다. 연금저축으로 갈 돈을, 차라리 2장~3장에서 살펴본 투자 원리에 따라 운영하는 것을 잘 검토해 보고 판단하길 바란다.

Chapter 7

피크아웃 코리아, 생존 전략

01

피크아웃이
온다

    대한민국은 1950년대 전쟁 이후에 기적 같은 성장을 보인 나라다. 다른 나라들이 200년에 걸쳐서 이룩한 자본주의 경제 시스템을 70년 정도 되는 기간에 다 따라붙으면서, 세계 10위권 경제 대국을 만들었으니 말 그대로 경천동지할 성과라 할 수 있다.

    한국의 역사는 성장의 역사였고, 한국만큼 성장을 좋아하는 나라가 또 없다. 성장에 방해되는 것들을 가차 없이 도려내면서 성장해 오다 보니, 이러한 성장 과정에서 눈에 띄지 않게 쌓여오던 문제들이 2020년대 들어서며 점점 가시화되기 시작했고, 지금은 더욱 누적되어 성장의 동력을 잃어버리고 있다.

2025년 1분기 GDP가 실질 -0.2%로 성장했고, 4개 분기 연속해서 0% 전후라는 사상 초유의 일들이 벌어졌다. 한국은행은 올해 1%대 성장을 전망하였지만, 이를 장담하기 어려워졌다는 것이 전반적인 평가다. 우리나라는 1분기 GDP 발표 이후 '체질 개선이 필요'하다는 논란에 휩싸였다.

일단 2025년 1분기 GDP의 상세는 실질 생산이 전년비 -0.2% 기록했고, 민간 소비 중 서비스(오락문화, 의료 등)이 0.1% 감소했다. 정부 소비가 건강보험 급여비 지출이 줄어서 0.1% 감소, 건설투자는 건물 건설을 중심으로 3.2% 감소, 수출은 화학, 기계가 줄어서 1.1% 감소했고, 수입이 더 큰 폭인 2.0%로 감소했다.

가계가 지갑을 닫고, 기업도 지갑을 닫고, 정부도 지갑을 닫은, 가계-기업-정부 모두가 지갑을 닫은 해로, 소비가 구조적으로 감소하고 있음을 보여주고 있는 지표라 할 수 있다. 물론 겨우 1분기 지표만 보고 성급하게 판단하는 거라고도 할 수 있지만, 이처럼 -0.2% 성장은 지난 2024년부터 내내 0% 전후의 급격히 축소된 성장률을 보여주었다는 측면에서 심각하게 평가받고 있는 상태다.

이처럼 성장이 정점을 찍고 내려가는 현상을 '피크아웃peak-out'

이라고 한다. 주식 시장 및 산업에서 자주 사용하는 용어인데, 특정 산업이 점점 성장률을 높이다가 정점에 도달한 후 내려가는 것을 의미한다. 그런 맥락에서 한국은 경제 성장률이 피크아웃을 향해서 가고 있는데, 오르막 9부 능선에 거의 도달해 있다고 할 수 있다.

2023년 11월 한국은행 조사국에서 '초저출산 및 초고령 사회: 극단적 인구 구조의 원인, 영향, 대책'이라는 자료를 낸 적 있다. (관련 링크는 뒤쪽 참고 자료에 적었다.) 이 자료에서는 한국의 성장률이 2040년을 전후로 0%대에 '구조적으로' 진입할 것을 경고하고 있다.

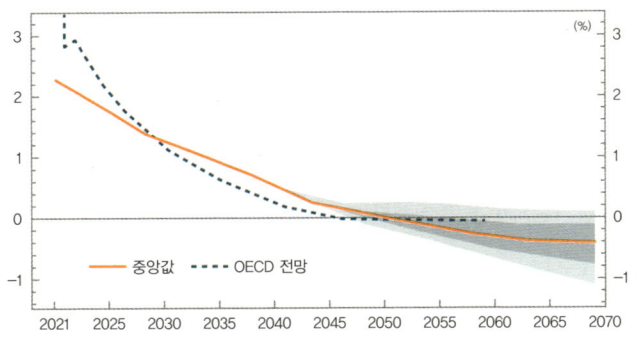

● 추세 성장률의 확률적 분포

자료: 한국은행

출산율과 총인구 감소 속도가 너무 가팔라서 생산성 증가가 따라 붙더라도 이를 극복하기 어렵다는 게 이유다.

왼쪽 그림에서 보면, 한국의 추세 성장률은 여러 경로값이 있지만, 2040년대에 진입하면 0에 수렴하게 된다. 그리고 이후에는 0을 극복하지 못하고 영구히 마이너스 성장의 시기로 진입한다. 특히 2025년부터는 하락 폭이 자못 가파르게 형성됨을 알 수 있다. 이 연구에서는 장기 균형 출산율을 1.14명으로 제시하였는데, 2020년대 이후 한국의 출산율은 0.7~0.8명대를 지속적으로 유지하고 있을 뿐만 아니라 이것이 쉽게 반등하기 어렵고, 실질 성장률 또한 이미 2025년에 1%대로 진입한 것을 고려한다면 한국은행의 이 같은 전망도 상당히 후한 편이 아닌가 하는 생각이 들 정도다.

한국은행을 포함해서 전 세계가 한국의 초저출산에 주목하고 있는데, 한국이 확정적으로 소멸할 것이라고 하는 유튜브 콘텐츠가 세간의 화제가 된 경우도 있다. 거의 모든 나라에서, 심지어 일런 머스크조차도 한국의 낮은 출산율 관련 내용을 종종 X(구 트위터)에 포스팅을 한다.

이러한 점들에서 일관되게 나타나는 것은, 한국의 성장 정점은 이제 십수 년 정도 남았으며, 성장률 자체는 매년 완만히(혹은 급격히) 하락하여 0으로 수렴하고 이후 구조적으로 마이너스로 진입한다는 것이다. 이것이 '피크아웃 코리아'의 모습이다.

참고 자료

한국은행 2023. 11. 초저성장: bit.ly/44lqILt

한은 1Q25 GDP 발표: bit.ly/3EWQyLe

아시아경제 "위기도 뉴노멀": news.nate.com/view/20250421n01795

외화 자산 투자는
매국 행위?

역사적인 변화는 사회를 급격하게 바꾸곤 한다. 1997년 IMF가 그랬고, 2008년 글로벌 금융 위기가 그랬다. 일본의 경우에는 1990년대 버블 붕괴와 2011년 동일본 대지진이 그랬다.

역사적인 변화라고 나중에 인식될 한국의 이벤트 중 하나는 아마도 '출산율 0.7명'이라는 수치가 아닐까 한다. 합계 출산율 1.3명의 나라에서 급속도로 내려가서 2022년이 되면서 0.7명대에 진입한 것은 세계적으로 유례가 없는 일이다.

초저출산 혹은 제로 출산이라는 말과 함께, 총인구 감소 시기가 찾아오면서 2022년 이후의 한국 시장은 그전과는 다른 분위기가 형성되는 듯하다. 바로 한국에서는 노동력의 지속적 공급, 사회가 유지되기 위한 인구 구성을 장기적으로 유지하기 어렵다는 생각에 탈한국을 선택하는 사람이 많아지는 것이다.

그러나 일과 가족이 있는 본국을 떠나 타국으로 간다는 것은 웬만한 각오나 상황이 아니면 쉽지 않은 일이다. 이에 자연스럽게 돈이라도 외국으로 보내두자는 '계좌 이민'이 폭증하기 시작한 것이 2022년 이후의 한국 사회다.

해외 자산에 투자하는 사람들을 한국에서는 '서학개미'라고 부른다. 이들 서학개미를 포함한 한국의 해외 자산 투자 규모가 1조 달러(1,450조 원)를 넘었다는 보도가 나왔다. 이는 외국인의 한국 투자 규모를 넘어선 수치다. 한국은행이 그 이유를 분석해 보니, 미 증시가 호조를 보였고, 금리 인하 기대감에 해외 주식과 채권에 매수세가 높아지고, 아울러 기존 보유하던 평가액이 급증하면서 해외 자산 비중이 큰 폭으로 증가했다는 것이다.

이러한 분석은 현재의 상황을 잘 설명해 주는데, 반면 왜 이렇게 큰 규모의 해외 주식 매수세가 심화되었는지에 대해서는 잘 다루지 않았다고 할 수 있다. 현재 한국인의 해외 주식 적극 취득은 젊은 세대들에 의해 주도되고 있는데, 이들은 보편적으로 (1) 연금으로는 자신들의 미래를 책임질 수 없다. (2) 국내 주식은 주주의 뒤

통수를 치는 행보가 많아서 국장을 하면 바보다. (3) 해외 주식은 영구 성장하므로 해외 주식을 해야 한다는 인식을 가지고 있다.

이러한 인식의 변화가 젊은 세대들의 해외 투자를 늘리고 있고, 현재는 전 국민적 관심 속에 해외 투자가 활성화하는 흐름이라 할 것이다.

그런데 옆 나라 일본에도 이런 흐름이 이미 30여 년째 이어져 오고 있다. 일본 국민 중에서 외국으로 투자를 하는 사람들을 통칭 '와타나베 부인'이라고 부른다. 2007년에 일본에서 외환 거래로 4억 엔(40억 원 정도)을 탈세한 50대 주부가 있는데, 그의 이름이 와타나베인 데서 연유했다고 한다. 1990년대 일본의 자산 시장 대붕괴 이후에 엔 캐리 트레이드carry trade(저금리로 조달된 자금으로 외국 자산에 투자하는 거래) 등을 통해서 엔화를 달러 등 해외 자산으로 바꿔서 투자하는 개인 투자자들을 지칭하는 의미로 사용된다.

한국의 '서학개미'든 일본의 '와타나베 부인'이든 결국 핵심은 개인들이 모여서 해외 투자를 한다는 것이다.

한국과 일본의 차이가 있다면 일본은 국민이 부자라기보다는 정부가 부자에 가깝고, 한국은 정부가 부자라기보다는 개인이 부자에 가깝다는 점이다. 한국은 부채를 가계가 주로 내고 있으며, 부채를 낸다는 것은 자산을 많이 형성하고 있다는 것과 같다. 일본은 정부 부채가 가장 높고 동시에 정부가 가장 많은 자산을 보유하고 있다. 일본의 부채는 일본 국민이나 은행 등이 보유하고 있어서, 사실 대외 부채의 규모가 크지 않다. 반대로 일본의 대외 순자산 규모가 크기도 하다.

그런 의미에서 '서학개미' 운동이 심화되는 시기가 온다면 한국의 환율 등에도 영향이 만만찮을 것이라는 전망이 많다. 아직은 크게 걱정할 정도는 아니지만 해외 자산 취득 움직임이 본격화할 경우에 현재보다 더 높은 충격을 줄 것이 예상되어서다.

정부도 외화 관련 서학개미의 영향력이 커지는 것을 잘 알고 있다. 가장 최근인 2025년 3월의 F4 회의('Finance 4'의 축약어로, 거시경제와 금융, 통화당국 수장 4명의 모임)에서도 이런 점 등이 보고되고 있다. 그런데 서학개미가 해외 자산을 취득하고, 국내 자산을 취득하지 않는 것을 '매국 행동'으로 생각하는 경향도 적지 않은 듯하다.

그러나 본질적으로 해외 자산을 취득하고 개인들이 노후 준비가 된다면, 또 해외의 성장을 자본 투자를 통해서 수취할 수 있다면 자본 생산성을 높이는 일이 된다. 일본의 대외 순자산 규모는 너무나 커서, 이것이 일본 본토로 돌아갈 때 늘 '엔 캐리 청산'이라는 용어가 사용되기도 한다. 달러를 팔고 엔을 사서 다시 일본으로 돌아가거나 할 때 엔 캐리 청산이 나온다.

종국에는 한국 역시 원화 해외 자산을 쌓아두고, 나중에는 원 캐리 청산을 하는 상황이 되는 것이 유리할 수 있다. 물론 돈이 한국 본토에 있는 상황이 가장 좋겠지만, 저출산으로 인해서 피크아웃이 온다면 돈이라도 해외로 보내놓고 성장을 향유하는 것이 낫겠다. 물론 국내 자산을 0% 비중으로 두어선 안 되고, 밸런스를 맞춰야 한다.

해외 투자를 하는 것에 죄의식을 느낄 필요가 없다. 주저하지 말고 해외로 돈을 보내고 해외 성장을 추구하도록 하자. 투자는 정을 추구하는 것이 아니라 수익과 균형을 추구해야 한다. 그것이 미래의 생존 전략이다.

참고 자료

서학개미, 1조 달러
www.hani.co.kr/arti/economy/economy_general/1168323.html

늙어가는 와타나베 부인
www.chosun.com/economy/money/2024/11/19/Z3WD74JJ55CZLPOXW3HDZC6V6Q/

연금 피크아웃도
머지않았다

03

    2024년 7월, 한 뉴스가 시장을 뒤흔들었다. 3년 후인 2027년에는 국민연금이 보험료 수입만으로 연금 지출을 감당할 수 없어질 거라는 내용이었다. 즉, 현재 1,200조 원 넘게 적립되고 있는 연금기금이 2055~2085년 사이에 고갈되는 것과 별도로, 그 유입보다 유출이 더 많아지는 최초의 시기는 2030년대가 아니라 2027년이라는 것이다.

    오른쪽 표를 보면 연금 보험료 수입은 2024년 60.7조 원에서 2027년 64.3조 원으로 증가하지만, 연금 급여(지출)는 2024년 46조 원에서 2027년 67.6조 원으로 급증한다. 이렇게 순 연금보험료 대비 순 연금급여 지출액이 마이너스로 전환하는 것이 2027년이다.

● 국민연금 재정 전망 (단위: 억 원)

구분		2024	2025	2026	2027	2028
수입 (A)	계	1,023,098	1,078,152	1,157,548	1,211,736	1,259,873
	연금보험료	607,857	620,221	632,093	643,535	653,639
	이자수입	415,241	457,931	525,455	568,200	606,234
지출 (B)	계	460,650	528,635	605,207	686,006	746,050
	연금급여	451,980	519,564	595,712	676,071	735,654
	기타	8,670	9,071	9,495	9,935	10,396
신규 조성 작업(C=A-B)		562,448	549,517	552,341	525,730	513,823
회수 자금(D)		689,239	669,285	563,573	426,773	404,711
운용 자금(E=C+D)		1,251,687	1,218,802	1,115,914	952,503	918,534
적립 기금		10,920,934	11,469,911	12,022,522	12,547,981	13,061,805

주: 1) 기타 지출은 관리운영비 및 경상지출 등이 포함됨.
2) 재정 전망 작성 기준은 현금의 수취나 지급과는 관계없는 발생주의로 기록하였으며, 따라서 현금의 유출입과는 일반적으로 일치하지 않음.

자료: 국민연금

물론 그럼에도 불구하고 연금 기금은 증가할 것이다. 종전 연금의 운용 수익에 따라서 이자 수익 등이 증가하기 때문이다. 그렇게 연금은 향후 최대 1,800조 원대까지 증가하고 이후 빠르게 감소하게 된다.

어쨌든 연기금 잔액은 증가하지만, 이때부터는 나갈 돈이 항상 더 많아지므로 연금 기금 운용을 한 해만 잘못하더라도 회복이 불가능해진다. 특히 2024년처럼 연금 운용을 아주 잘한 해에는 여유가 생기지만, 반대로 2022년과 같은 환경이 온다면 연금 감소가 현실화하는 것이다.

한편 오른쪽 그림에서 보듯, 국민연금은 전체 포트폴리오에서 주식을 약 47%, 채권을 약 36%, 대체 투자를 약 17%로 구성하고 있다. 주식 중에는 국내 주식이 11.5%, 해외 주식이 35.5%로 약 1:3 비중을 유지하고 있다. 국민연금액을 1,200조 원으로 본다면 전체 중 11%인 약 130조 원이 국내 주식 시장에 들어 있다는 의미와 같다.

그리고 미래에 연금 재정이 마이너스로 가는 국면이 찾아오기 시작하면 연금은 국내 주식, 해외 주식, 국내 채권 등의 비중을 줄이면서 기금이 고갈되는 수순으로 가게 된다. 그때 연금 기금이 고갈될 순서는 당연히 자산 배분 전략을 통해서 감소하겠지만, 국내 주식이 더욱 리턴이 적은 금융 시장이 될 가능성이 적지 않다. 국내 주식의 매도 압력이 커지는 것이다.

피크아웃 코리아는 머지않았다. 국민연금이 국내 주식 시장에서 엑시트할 것까지 염두에 둔다면, 국내 주식을 기준으로 포트폴

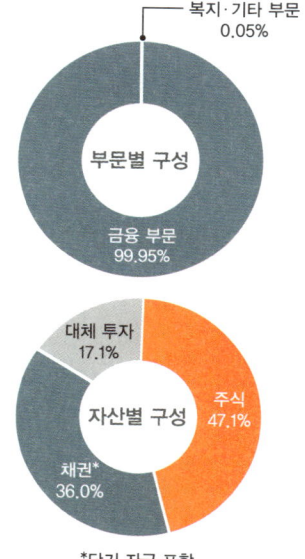

(단위: 조 원, 2024년 12월 말 기준)

구분	금액	비중
전체 자산	1212.9	100%
복지 부문	0.2	0.0%
금융 부문*	1212.3	100%
국내 주식	139.7	11.5%
해외 주식	431.0	35.5%
국내 채권	344.3	28.4%
해외 채권	88.3	7.3%
대체 투자	206.9	17.1%
단기 자금	3.5	0.3%
기타 부문	0.4	0.0%

* 전술적 외환익스포저 등을 포함한 수치임

※ 국민연금은 기금 운용의 이해를 돕기 위하여 매월 말 기금 포트폴리오 구성 현황을 공개하고 있음
  (단, 상기 수치는 결산 전 잠정치임)

자료: 국민연금

리오를 초장기로 끌고 갈 여력이 없다. 해외 주식 시장을 중심으로 끌고 가야 할 이유가 여기에 있다.

참고 자료

3년 뒤 수입만으로 지출 감당 못 해: news.nate.com/view/20240711n07390

04

일본의 잃어버린 30년이 한국에 펼쳐진다면 대비가 되어 있는가?

권투에서 상대가 없는데 앞에 있다고 가정하고 혼자서 연습을 하는 것을 '섀도복싱shadow-boxing'이라고 한다. 어쩌면 우리의 노후 준비나 은퇴 준비, 혹은 재테크의 목표가 이처럼 상대가 없는 섀도복싱 상태가 아닐까 하는 생각을 가져본다.

내가 주식 부자 프로젝트라는 5주 이상의 교육 과정을 통해서 만났던 많은 개인들은 재테크가 필요해서 온 것이지, 엄청난 부자나 재벌이 되고자 투자를 시작한 것이 아니었다. 이들은 결국 현 자본주의와 자유시장경제가 고도화되는 한국에서 제품·서비스를 구입하기 위한 자본의 필요성을 느끼고 이를 더 불릴 생각에서 온 것이다. 즉 생존의 연장이었지 뭔가 대단한 투자처를 찾아서 부자가 되어야 한다는 압박에서 온 것이 아니라는 것이다. 그럼에도 불구하고 '부자 담론'의 허상에 빠져서, 당장 내가 필요한 돈을 그보다 훨씬 몇 배 더 크게 오해하고는, 눈에 보이지 않는 목표를 좇느라 무리하다가 탈이 나는 경우를 너무 많이 봤다.

2025년에 『처음 하는 부동산 투자 공부』라는 책을 공저로 집필했을 때도, 부동산 투자로 초창기 이익을 내다가 손실을 기록하게 된 투자자들의 사례를 많이 집어넣었는데, 돌이켜보면 이들이 무슨 대단한 부자가 되려고 했다기보다는, 이미 상위 1% 수준의 순자산을 형성했음에도 불구하고 눈에 보이지 않는 목표를 좇아 섀도복싱을 너무 무리하게 하면서 어깨가 탈골된 것 같은 상태로 되버리는 경우가 적지 않았다. 결국 투자도 어느 수준에 이르면 마인드 관리가 매우 중요해지는 순간이 오는데, 내 목표가 어디인지를 잘 아는 것만큼 중요한 것이 없다.

나는 올해 초 일본에서 가족들과 한 달 살이를 한 적이 있다. 도쿄도 미나토구 시바공원 앞의 주택에서 생활했는데, 그 지역의 지가는 1990년 1제곱미터당 1,500만 엔이었다가 현재 150만 엔으로 1/10 토막이 난 상태였다. 이마저도 80만 엔까지 내렸다가 회복한 것이었다. 잃어버린 30년의 지가를 그대로 확인하고 나니 과거 일본의 전성기가 얼마나 크고 높았는지를 실감하였다. 무려 30년도 더 된 과거의 시세가 지금보다 10배가 더 높았다니, 노구치 유키오가 말한 'Japan as No. 1'에 빠진 일본인들이 세계로부터 배울 것이 없다며 자만을 부리던 당시의 경제 수준이 어느 정도였을지 실감할 수 있었다.

그런 부분에서 한국 부동산과도 연결해서 생각해 봤는데, 당시 일본의 버블 붕괴는 어느 정도 자신감도 작용했다고 보는 것이 적절할 것이다. 높은 출산율과 내수 중심의 경제를 갖는 일본은, 어쨌든 자기네가 잘 관리를 한다면 극복하지 못할 것도 아니라는 판단을 했을 것이다.

실제 버블을 붕괴시키는 과정에서 그 버블을 누가 떠안느냐가 전 세계 여러 나라의 차별점을 만들기도 하는데, 1929년의 미국 대공황에서는 아무도 부채를 떠안지 않았기에 문제가 대폭 확대된 반면, 1990년대의 일본은 정부가 부채를 떠안았고, 2008년의 미국도 부채를 정부가 떠안으면서 문제를 해결했다. 2012년의 중국은 부채를 정부가 떠안긴 하되, 그 속도를 매우 천천히 갖고 가는, 저성장으로 몰고 가면서 바람을 서서히 빼는 방향으로 10년 넘게 추진하고 있는 상황이며, 이것이 중국의 저성장의 단초를 만들고 있다.

그런 맥락에서 현재 한국은 이 버블을 빼는 방법론에 있어서, 1997년에는 민간 부채를 늘리는 방법으로 위기를 해결했지만, 현재 가계 부채가 너무 급증하는 와중에서는 다시 정부 부채를 늘리면서 스왑을 통해서 해결하거나 혹은 해결하지 못하고 중국처럼 서서히 바람 빠지듯이 성장률을 둔화시키는 방법을 쓰고 있지 않나 생각해 본다.

한국에 버블을 완화시키는 방안이 없다면 성장률을 잠식하면서 특히 소비 위축이 뒤따르고 이에 따라 환율이 부정적 영향을 띨 가능성이 적지 않다. 경착륙이 오게 된다면 부동산 붕괴 시기에 한국의 출산율 등을 고려해야 하며, 또 일본은 경제에서 수출 비중이 10~12%에 불과하지만 한국은 40% 수준에 육박하는데, 한국은 내수를 통해서 살아날 수 있는 경제가 아니라 아시아의 흔한 수출 주도형 경제라는 점에서 일본과 상황이 다른 상태다.

따라서 한국은 아마도 부동산이 하락하거나 급락하는 경우, 어쩌면 궤멸적 타격을 입고 상당한 침체기를 보낼 가능성도 적지 않다. 그 과정에서 초양극화는 더 심해질 수도 있다. 이러한 점이 아마도 현재 기획재정부 등 금융 관료들이 부동산에 가계 부채가 쌓여 있고, 가격이 타국 대비 너무 높아서 민간 소비가 위축되는 와중에도 부동산에 대한 부양 노력을 지속하는 근본적인 이유가 아닌가 생각해 본다.

그러나 우리는 이런 상태에서 언제고 부동산 등 한국의 자산 버블이 꺼질 가능성이 있음을 염두에 두어야 할 것이다. 일본의 버블이 꺼진 것도 결국은 일본의 중앙은행장이 헤이세이 일왕 시대에 고금리 정책을 펴면서부터였다. 그에 따라서 민감한 주식 시장이 1991년 붕괴했고, 부동산은 1992년부터 붕괴하여 1990년대 기간 동안에 약 80% 수준의 시가 총액이 날아갔다. 그때 민간의 부채들이 정부 쪽으로 전이되었으며 현재 일본 정부의 부채가 높은 이유가 여기에 있다.

일본의 길을 한국이 걷는다는 보장은 없지만, 한국적 이유로 한국의 자산 시장이 요동칠 가능성은 정책적으로 항상 존재한다는 점을 명심해야 한다. 따라서 모든 자산을 한국에 두는 것은 이 시대에 맞지 않다. 오히려 한국에 위기가 나타날 때마다 환율이 요동쳐 왔다는 점을 착안하고 해외 자산을 적극적으로 매입함으로써 피크아웃 시대에 나타날 수 있는 큰 위기에 대비해야 할 것이다.

다만 무조건적으로 해외 자산을 늘리는 것이 상책은 아니다. 해외 자산을 최소 절반 이상 유지하면서 결국 미래의 현금 흐름도 해외 자산 중심으로 만들어야 한다. 국내 원화 현금 흐름은 6장 '연금 전략'에서 살펴보았듯이, 기초연금·국민연금·퇴직연금과 개인연금 등을 통해서 얼마든지 세팅할 수 있다.

그러나 더 중요한 것은 달러나 엔화 표시 자산을 매입하고, 그 자산으로 매각 차익만을 노리는 것이 아니라 현금 흐름 자산으로 활용한다면 훗날 은퇴 시점을 결정하거나 노후 준비를 할 때 막강한 응원군이 될 것이다.

부록 1

이재명 시대, 자산 시장 대전환 실전 가이드

상법 개정과 배당소득 분리 과세로 보는 자산 이동

01

'부동산에서 주식으로'라는 정책 기조

이재명 정부의 출범 이후, 한국 자산 시장에는 뚜렷한 변화의 조짐이 나타나고 있다. 그 핵심은 '부동산에서 주식으로'라는 정책 기조다. 역대 어느 정부보다도 명확하게 그리고 강력하게 주식 투자를 장려하고 있으며, 이는 단지 권유에 그치지 않고 제도 개혁과 구조 개편으로 이어지고 있다.

지난 2025년 5월 8일, 제21대 대통령 선거 민주당 후보였던 이재명과 함께한 '경제 유튜버와의 간담회'에 나를 비롯한 전인구, 이효석, 이대호가 참여했는데, 이 자리에서 이러한 정책 방향을 체감할 수 있었다. 당시 이재명 후보는 한국 주식 시장에 대한 깊은 이해를 바탕으로, 장기적으로 주식 중심의 자산 축적을 유도하겠다는 의지를 여러 차례 강조하였다.

이러한 정책 흐름은 단순한 구호를 넘어, 실제 자산 시장 내 머니 무브의 대전환 가능성을 높이고 있다. 이른바 '그레이트 로테이션Great Rotation', 즉 부동산에서 주식으로의 본격적인 자금 이동이 시작될 수 있다는 것이다. 특히 상법 개정과 배당소득 분리 과세 추진이라는 두 축의 제도 변화는 한국 자산 시장에 구조적 변화를 예고한다.

이 부록을 통해 그 변화가 의미하는 바를 살펴보고, 개인 투자자들이 어떤 포지션을 취해야 할지를 함께 고민하고자 한다.

02

2025 상법 개정을 통한
주주 중심 경영의 시작

먼저, 이재명 정부는 상법 개정안을 조기 통과시키면서 한국 주식 시장에 존재했던 소액 주주들의 차별을 원천적으로 끊어냈다고 할 수 있다. 상법은 '주식 시장의 헌법'이라고 할 수 있는데, 이번 상법 개정은 한국 주식 시장을 재벌 왕조 중심에서 주주 중심 민주주의로 체질을 바꾸는 중대한 계기로 작용한다.

다음 표에서 보듯이, 기존 상법은 이사의 충실 의무가 '회사'에만 한정되어 있었다. 그러나 개정 상법은 그 대상을 '회사 및 주주'로 명확히 하며, 경영진이 주주의 대리인으로서 의무를 다하도록 하는 제도적 근거를 마련하였다. 이는 그간 국내 주식 시장에서 소액 주주들이 겪어왔던 구조적 불이익과 주주 가치 훼손 사례를 바로

현행	개정안
제382조의3(이사의 충실의무) 이사는 법령과 정관의 규정에 따라 회사를 위하여 그 직무를 충실하게 수행하여야 한다. 〈신설〉	제382조의3(이사의 충실의무) ① 이사는 법령과 정관의 규정에 따라 회사 및 주주를 위하여 그 직무를 충실하게 수행하여야 한다. ② 이사는 그 직무를 수행함에 있어 총 주주의 이익을 보호하여야 하고, 전체 주주의 이익을 공평하게 대우하여야 한다.

자료: 2025 상법 개정안

잡는 첫걸음이라 할 수 있다.

상법 개정 하나만으로 코스피 4,000포인트를 갈 수 있을까?

결론부터 말하자면 그럴 가능성이 높다. 앞으로 회사의 수익이 주주 간 차등 분배될 가능성이 낮아지고, 기업의 경영에 합리성을 부여할 가능성이 높아졌기 때문이다. 그 예로 2025년 6월 발생한 '리쥬란'이라는 피부미용 의료 기기를 생산하는 파마리서치 주가의 분할 공시와 이후 시장의 대응에 대해서 살펴보자. 파마리서치 분할 이슈는 정규장 종료 이후 이사회에서 '인적 분할'의 형태로 회사를 분할하고 재상장하기로 결의하고 이를 추진하다가 여론의 역풍을 맞은 케이스다.

과거의 기업 분할은 LG화학-LG에너지솔루션처럼 물적으로 분할하여, 분할된 자회사가 알짜인 경우에 분할 전 모기업이 지분 100% 등을 가지면서 소액 주주들이 갑자기 닭 쫓던 개 지붕 쳐다보는 꼴이 되는 것이 문제였다. 배터리 부문의 성장을 기대하면서 LG화학에 투자했는데, 배터리 부문을 분할해 재상장해 버리면서 LG화학 주주들을 사실상 배터리와 무관한 회사의 지분을 사게 만든 전 국민적인 기만 사건에 해당했다. 이렇게 물적 분할이 문제가 되자 상대적으로 '인적 분할'은 문제가 없다는 인식이 존재하였고, 파마리서치는 '인적 분할'을 선택함으로써 이러한 논란을 없애고자 한 것으로 보인다.

그러나 애초에 '분할'은 멀쩡한 기업을 물적으로 상하단으로 나누든, 인적으로 수평으로 나누든 나눠지는 '비율'에서 모든 문제가 발생한다. 부부간 이혼에서도 재산 분할이 주요 문제이듯이, 인적으로 나뉘는 기업 간에 가져가야 할 자산·부채·자본의 합이 분할 전과 분할 후가 합리적으로 이루어졌는지에 대해 논쟁이 될 수밖에 없다. 주주가 양 기업을 모두 동일한 지분으로 갖기 때문에 문제가 없다는 것이 인적 분할의 논리지만, 애초에 분할 자체에서 분할 기준이 비합리적이라면 설령 두 회사 지분을 동시 소유하고 있다고 하더라도 분할의 합리성이 배제된다.

상법은 바로 이러한 경우에 작동하는 것이다. 즉, 주주를 위하고 말고를 떠나서, 기본적으로 분할의 합리성이 설명되지 않는다는 형태로 간다면, 훗날 이것이 이사의 주주 충실 의무에서 문제가 되는 지점이 존재할 수 있게 된다는 점이다.

파마리서치 분할 이후 1% 주주인 머스트자산운용에서 분할 반대 레터를 보내고, 이후 언론을 통해서 증폭되었다. 머스트자산운용의 핵심 논리는 다음과 같다.

"모든 물적 분할은 나쁘고, 모든 인적 분할은 좋다는 생각에 동의하지 않는다. 인적 분할 후 현물 출자한 모습은 물적 분할 후 자회사가 독립 상장한 모습과 결과적으로 똑같은 형태이다."

이 내용을 이해하려면 인적 분할, 물적 분할에 대한 기본 지식이 필요하겠지만, 간단히 설명하면 인적 분할을 해서 이후에 원래 더 높은 지분을 가지려는 회사로 현물 출자해서 지분을 확보하려는 형태는 사실상 주주 멸시의 물적 분할과 같다는 것이다.

머스트자산운용의 지적뿐 아니라 새 정부 출범 이틀 만에 벌어진 일이라는 점에서, 어쩌면 앞으로의 상법 개정이 만들어낼 일을 미리 보여줄 수 있다는 생각에 시장의 모든 관심이 집중되었다. 결국 파마리서치는 실익과 설득력이 약했던 분할을 철회하기에 이르렀다. 주가는 분할 전 55만 원에서 분할과 함께 17% 이상 하락했다가, 분할 철회를 하면서 다시 전고점을 돌파하였다.

몇 주간 일어난 이러한 해프닝만 보더라도 상법 개정에 따라 자사주 보유, 분할, M&A 등 다양한 경영 행위에서 주주 중심의 합리성과 정당성이 요구될 것으로 보인다.

상법 개정은 단순한 법률 개정이 아니라 시장 신뢰 회복의 시발점이다.

03

'배당소득 분리 과세'가 바꾸는 판

두 번째 변화는 배당소득 분리 과세 제도의 도입이다. 이를 통해 이재명 대통령이 바라는, 부동산보다 주식으로 투자처를 옮겨 가는 자산 시장 대전환이 가능해질 것이다.

이소영 국회의원 외 10인이 발의한 이 개정안의 주요 골자는 배당 성향 35% 이상인 국내 상장 기업의 배당에 대해 구간별 분리 과세를 적용하자는 것이다.

기존에는 배당금 2,000만 원 이하까지는 15.4%의 고정 세율을 부과하지만, 2,000만 원을 초과할 때는 종합과세 대상이 되므로 종합세율(6~45%)의 누진세를 적용한다. 따라서 배당금을 수억 원 이상, 특히 10억 원 이상 고액을 받는 주요 주주들의 경우에는 종합세율 45%에 누진세 4.5%를 더한 49.5%가 적용돼 사실상 절반에 가까운 세금을 부담해 왔다.

반면 은행 예금에서 발생하는 이자는 손실 위험이 없는 자산임에도 같은 방식으로 과세되었다. 그러나 이자는 '예금'이라는 안전 자산(손실 위험이 없는 상품)에서 나오는 것으로 반복성이 사실상 완전하나, 배당은 주식(원금 손실이 가능한 투자 상품)에서 나오는 것으로 배당의 반복성이 확실히 보장되지 않는다. 애초에 위험 자산이라는 단어에는 원본 손실의 가능성을 품고 있다. 따라서 위험을 감수하고 투자한 주식의 배당소득은 이자와 다른 데도 과도한 세금이 부과되고 있다는 지적을 낳아왔다. 이러한 현실에서 새롭게 제안된 배당소득 분리 과세 제도는 주식 시장에 구조적 전환을 예고하는 조치다.

미국, 일본을 위시한 주요국에서는 배당소득을 이자와 분리해 별도의 세율을 적용하고 있는데, 한국도 그렇게 가자는 것이다. 현재 이소영 안에 따르면 35% 이상의 배당 성향을 가진 국내 상장 기업의 배당액이 2,000만 원 이하는 15.4%, 2,000만 원 초과~3억 원 이하는 20%(실질 22%), 3억 원 초과는 25%(27.5%) 세율이 적용된다.

이로써 최대 49.5%의 배당소득세를 내던 주요 주주들 입장에서,

얼마든지 배당을 더 추가로 확대할 인센티브로 작동한다. 즉, 최대 49.5%의 세율을 감내하던 기존 체계에 비해 상당한 절세 인센티브를 제공하며, 고배당을 확대하려는 기업과 장기 보유 주주 모두에게 유리하게 작용한다. 이는 단순히 투자 매력도를 높이는 것을 넘어, 부동산 중심의 자산 축적 구조에서 주식 중심의 자산 구조로 이동하는 계기를 제공할 것이다.

이 법안이 통과된다면 말 그대로 '그레이트 로테이션'이 본격화할 가능성이 매우 높아지는 터라 이 글을 쓰는 지금 가슴이 떨릴 정도다.

04

부동산이 아닌 주식으로 '머니 무브'가 일어날까?

그동안 한국의 개인 자산은 압도적으로 부동산에 집중돼 있었다. 그러나 배당소득 분리 과세와 같은 제도 개편은 배당주에 대한 투자 매력을 높이는 정도가 아니라, 아예 부동산에서 주식으로 자금을 대이동시키는 머니 무브의 원동력으로 작동할 가능성이 높다. 그 이유는 무엇일까?

현재 부동산을 통해 발생하는 '임차소득' 역시 종합소득 과세 대상이며 개인 기준 2,000만 원까지는 15.4% 분리 과세하고, 2,000만 원을 넘어서면 종합소득에 합산 과세된다. 임차소득이 종합소득에 합산 과세되더라도 무조건 100%로 합산되는 것은 아니다. 임차에 나가는 비용 등이 공제되며, 비용 공제에 여러 절세의 기술이 활용된다. 비용이 50%만 공제되더라도 사실 1억 원 임차소득에서 5,000만 원 비용 공제가 가능해지며 이는 종합소득세율을 적용하더라도 실질적으로는 25% 수준의 세금을 내는 셈이 된다.

즉, 현재의 부동산 임대소득은 2,000만 원을 초과하더라도 다양한 비용 공제를 통해 실효세율을 낮출 수 있는 여지가 있어 배당소득과 비교하면 상대적으로 버퍼(세금 부담을 직접적으로 줄여주는 완충 장치)가 존재한다. 하지만 세제가 개편되면 이러한 절세 수단이 축소되거나 사라질 수 있으며, 그럴 경우 부동산 임차소득도 배당소득처럼 무거운 세 부담을 피하기 어려워질 것이다.

더구나 부동산은 보유 시 실효세율 0.2% 수준이지만 세금을 낸다. 아울러 물리적인 시설 관리와 개별 임차인에 대한 관리 등 관리 포인트가 적지 않은 것이 사실이다. 최근에는 임대차와 관련한 기준들이 매서워지면서 전세금 미반환의 리스크가 더 커지고, 이로 인해 현금 흐름 문제가 발생하게 된다면 향후 큰 문제가 될 소지도 존재한다.

이런 상황에서 주식의 배당소득이 비록 35% 이상의 배당 성향을 갖는 기업들에 대해서만 적용하더라도, 그런 기업들에 투자가 몰려 주가가 상승하면 다른 기업이나 그 주주들도 자연스럽게 배당 성향 35%에 대한 요구를 하면서 한국 주식 시장의 질적 성장을 이끌 요인으로 작동할 것이다.

한국의 자산 시장 규모를 보면, 부동산은 주택만 7,000조 원에 육박하는 반면 주식은 이제야 3,000조 원에 도달했다. 부동산으로 가는 돈의 양은 순수하게 가계 대출만 잡아도 2020~2021년에는 한 해에 100조~120조 원이었고, 그 이후에도 60조 원 수준은 순수하게 넘어갔다. 주식 시장은 2020년 개인 순매수 64조 원, 2021년 76조 원에 이르렀지만, 2022년 25조 원, 2023년 -6조 원, 2024년 1조 원에 머무르고 있다. 2025년도 6월 말 기준 3조 원 정도의 순매수만 보이고 있다. 아직 시장에 개인 자금이 대거 들어오는 일은 전혀 관측되고 있지 않다.

기본적으로 주식보다는 부동산으로 가는 돈이 2.5~3배 이상은 된다고 보는 것이 합리적인데, 반면 한국 주식 시장은 내국인 수급 동향에 매우 밀접한 것도 사실이다. 다만 지난 2년간 개인들의 자금 유입이 사실상 멈추면서 외국인에 의해 좌지우지된 면도 있지만, 개인들의 자금 유입이 다시 시작된다면 2001~2007년의 흐름이 나오지 못할 것도 없다.

애초에 부동산으로 향하던 막대한 자금이 3,000조 원 규모에 불과한 국내 주식 시장으로 유입되기 시작한다면, 그 자금의 힘은 시장 전체를 위로 끌어올릴 만큼 클 수 있다. 만약 국내 주식 시장이 6,000조 원 수준이라면 모르겠지만, 지금처럼 시장의 규모가 상대적으로 작을 때는 그 영향이 훨씬 크다. 이런 의사 결정의 흐름 속에서 주식이 부동산을 대체하는 비중이 점점 커진다면, 이재명 정부가 구상하는 '부동산에서 주식으로'라는 자산 이동 대전환이 현실화할 수도 있다.

그 시대가 도래할 것을 대비해 지금은 다소 국내 주식에 대해서 완전히 열어두는 포지션을 잡아야 한다. 물론 단기간에 5,000포인트에 도달할 것이라고는 볼 수 없지만, 앞으로 상법 개정의 효과와 함께, 배당소득 분리 과세 제도의 시행 여부를 확인하면서 신뢰를 가지고 시장이 성장하는지 지켜보자는 것이다. 이것이 한국 증시가 그리는 미래이고, 부동산보다 주식 등 금융 자산으로 자산을 채운다면 이 책에서 주장하는 '현금 흐름 중심의 노후'를 준비하는 것이 훨씬 더 수월해진다.

또한 부동산에서 투자 수요가 빠져나갈 경우, 일부는 수익을 실현해 실거주 목적의 주택을 구입하기도 하지만, 이런 경우는 대부분 실수요이기 때문에 시장 과열로 이어질 가능성은 낮다. 애초에 투자 수요란 직접 거주하지 않으면서 전세를 끼고 집을 매수하는 이른바 '갭 투자'에서 비롯된다. 이러한 갭 투자가 어려워지고 투자 수요가 줄어드는 환경에서는 주택 가격이 비교적 안정세를 보일 가능성이 높다. 이는 노후에 현금 흐름을 관리하는 측면에서도 훨씬 유리한 조건이 될 수 있다.

부동산은 유동성이 낮고, 임대차 리스크나 관리 부담이 크다는 단점도 존재한다. 반면 주식은 자사주 소각이나 배당 등 현금 흐름 중심의 수익 구조를 만들 수 있고, 특히 외화 자산과 연계된 투자 전략을 세운다면 노후 대비 자산 구조로도 적합하다.

05

어떤 주식과 ETF를 눈여겨봐야 할까?

 2009년 삼성에버랜드 전환 사채 사건에 대한 대법원의 무죄 판결 이후, 한국의 상법은 재벌 왕조 중심으로 전락했고, 주식 시장은 주주 중심에서 소수 대주주 중심의 시장, 즉 왕조 시대로 회귀했다고 봐도 무방하다. 이 기간 동안 한국 증시는 철저한 박스권에 놓여 있었고, 지수 전체가 상승하지 못하면서 '지수'를 중심으로 하는 투자가 불가능했다.

 이 기간에 미국이나 일본은 해당 국가의 '지수'를 ETF로 사고 장기간 보유해도 복리 효과가 났는데, 우리나라는 철저히 박스권에 시장 디스카운트만 있었기 때문에 지수 투자를 기본으로 하면 성과가 좋지 못하고, 반대로 개별 기업이나 산업, ETF를 잘 골라서 매수하는 것이 투자의 방법이었다.

그러나 상법 개정과 배당소득 분리 과세가 시행된다면 한국도 지수의 중장기적 상승을 기대해 볼 수 있는 환경이 된다. 따라서 과거와 달리 지수의 장기 상승에 기대는 투자를 해볼 만하다. 이후 세법 개정안 내용을 추가로 살펴봐야 하겠지만, 상법만으로도 이런 환경이 갖춰졌기 때문에 주가 상승과 배당, 자사주 소각 등을 통한 총 주주 수익률이 과거보다 높아지는 시대를 맞이했다.

아울러 시장이 강세장일수록 대형주를 주목해야 한다. KODEX 코스피 대형주(337140) ETF가 좋은 대안이 될 수 있다. TIGER 코스피 대형주(277640) ETF도 마찬가지다. 한국의 대형주들은 장래에 상당한 기업 지배 구조의 변화가 생길 수도 있는 기업들이기에, 코스피 지수 전체도 좋지만 대형주에 집중 투자하는 것도 좋은 대안이 될 수 있다.

두 번째는 시장 지수가 좋아질 때 기본적으로 병행해서 좋아지는 섹터인 금융 부문도 눈여겨봐야 한다. 금융은 은행, 보험, 증권으로 구분되는데, 주식 시장이 좋아진다면 증권이 가장 우선시된다. KODEX 증권(102970)이나 TIGER 증권(157500)과 같은 증권 ETF는 시장 장기 성장에 발맞춰 주가 흐름이 유사할 가능성이 매우 높다.

증권 섹터 외에도 기본적으로 한국의 지수 상승이 발생할 때 시장의 밸류에이션이 좋아진다는 것을 생각해 보면 지금 좋은 기업이 미래에도 결국 좋다는 판단이 선다. PER 10배 받던 시장이 15배로 상승한다면 3,000포인트가 4,500포인트가 되는 셈이다. 이 경우 현재 시장 대비 프리미엄을 받는 기업이나 산업들은 시장의 밸류에이션이 상승한 만큼 함께 초과 상승할 것이기 때문에 현재 18배 수준의 PER이 25배 이상으로 올라갈 수 있다. 현재 시장의 주인공은 수출 기업들인데, 수출 기업들의 밸류에이션이 동반 상승할 것이다.

수출 기업들을 담은 ETF는 KoAct K수출핵심기업TOP30액티브(0074K0)가 있는데, 한국을 대표하는 30개 기업을 모두 포함하고 있다. 특히 이 글을 작성하는 2025년 7월 기준 에이피알과 삼양식품 등을 대거 포함하고 있고, LIG넥스원, 효성중공업, 한화에어로스페이스, HD현대미포, 파마리서치, 원텍, 현대로템, SK하이닉스 등까지 사실상 시장의 주인공들을 망라하고 있어서, 개인이 투자하기에는 최적의 ETF 중 하나가 아닐까 사료된다.

아울러 내수소비 부문도 금융 자산 중심으로 바뀌면서 좋아질 것이 기대된다. 특히 외국인 방문객이 지속적으로 내수주에 힘을 실어주고 있다. 소비 중심의 ETF는 TIGER200경기소비재(139290), KODEX 경기소비재(266390)가 있다. 이 중 개인적으로 더 선호하는 기업들을 담고 있는 것은 KODEX 경기소비재이다.

한국의 '뷰티' 산업 성장 속도를 고려할 때, NH-Amundi HANARO K-뷰티 ETF(479850)는 충분히 주목할 만한 투자 대안이 될 수 있다. 이 ETF는 아모레퍼시픽, LG생활건강, 에이피알, 파마리서치, 휴젤, 코스맥스, 실리콘투, 한국콜마, 메디톡스 등 주요 K-뷰티 기업을 편입하고 있다. 또 구다이글로벌을 비롯한 유망 신생 뷰티 기업들이 앞으로 상장하게 된다면 기존 레거시 기업과의 헤게모니 경쟁도 가능해질 수 있어 해당 섹터는 지속적으로 관심을 가질 가치가 있다.

이재명 정부의 희망 사항이 한국 주식 시장에서 그대로 펼쳐지리란 보장은 없다. 그러나 역대 어느 정부도 부동산보다 주식을 더 키우겠다고 선언하고, 주식 시장의 헌법과도 같은 상법을 다시 정상화시키고(명심하자, 정상적인 상법이 잠시 비정상이었던 것을), 또 배당소득 분리 과세와 같은 머니 무브를 초래할 수 있는 구조적 세법 개정을 추진한 적은 없었다.

이런 제도들이 갖춰지기 시작한다면 부동산보다 주식에 더 투자하지 못할 이유도 없고, 안 할 이유도 없다. 또 한국의 투자자들이 미래를 준비하는 과정에서, 거의 20여 년 만에 찾아온 강세장의 분위기를 놓쳐야 할 이유도 없다. 애초에 강세장에 장기 투자하는 것이 미래의 노후 준비와 은퇴 자금을 마련하는 가장 훌륭한 수단이기 때문이다.

미국의 직장인들이 이른 시기에 은퇴할 수 있는 것도 401K라는 퇴직연금이 복리 효과를 주는 미국 주식 시장에 장기 투자했기 때문이었다. 그러한 현상이 한국에서도 일어날 수 있음을 유념하고, 한국 시장의 변화를 잘 지켜보면서 자산 배분 전략을 적절히 수립하도록 하자.

이처럼 ETF는 특정 섹터나 성장 동력을 중심으로 투자 전략을 구성할 수 있는 좋은 수단이며, 배당소득 분리 과세 제도와 맞물릴 경우에는 장기 보유와 복리 수익의 효과를 누릴 수 있다.

06

맺으며

이재명 정부는 부동산보다 주식을 키우겠다는 명확한 메시지를 제도와 정책으로 실행하고 있다. 상법 정상화, 배당소득 분리 과세, 제도적 인센티브 마련 등은 지금까지 어떤 정부도 시도하지 못했던 전방위적 변화다.

이제 우리는 부동산 중심의 투자에서 벗어나 현금 흐름 중심의 포트폴리오를 설계할 수 있는 시대로 진입하고 있다. 독자 여러분이 그러한 전환의 흐름을 읽고, 합리적인 대응 전략을 설계하는 데 이 부록이 단단한 단서가 되기를 바란다.

참고 자료
https://news.einfomax.co.kr/news/articleView.html?idxno=4360339

부록 2

액티브 ETF의 시대를 열다

01

투자는 운전과 같다

오늘날 개인 투자자들은 과거보다 훨씬 쉽게 주식 시장에 접근할 수 있다. 그 배경에는 상장 지수 펀드ETF, Exchange Traded Fund의 등장이 있다. 한국은 2002년 ETF가 처음 도입된 이후 시장이 꾸준히 성장했고, 미국에서는 이미 1990년대부터 ETF가 자리 잡았다.

2000년대 들어 주식 시장은 '지수를 사는 것만으로도 펀드 매니저보다 더 나은 성과를 낼 수 있다.'는 실험과 연구들로 가득했다. 특히 〈월스트리트저널WSJ〉과 같은 주요 언론은 이러한 비교 이벤트를 지속적으로 보도했고, 이 과정에서 액티브 펀드 매니저들은 비판과 조롱의 대상이 되었다.

액티브 펀드Active Fund란 매니저가 종목을 직접 선택·비중 조절하여 시장 수익률(벤치마크) 초과를 목표로 하는 펀드로, 시장 평균보다 높은 수익을 올릴 가능성이 있다는 것이 장점인 반면 보수가 높고, 매니저의 역량에 따라 성과 편차가 크다는 단점이 있다. 이와 반대인 패시브 펀드Passive Fund는 특정 지수KOSPI200, S&P500 등를 그대로 추종하는 펀드로, 저비용, 투명한 구조, 시장 평균 수익률 확보 등이 장점인 반면 시장 전체가 하락하면 그대로 손실이 발생한다는 단점이 있다.

필자 역시 이 시기에 투자를 경험하면서, 전문가라 불리던 펀드 매니저들이 개인보다 못한 성과를 내는 현실에 공감했다. 오늘날 '로빈후드 투자자'나 '동학·서학개미'로 불리는 개인 투자자들 역시 전문가를 신뢰하지 않는 정서를 공유하고 있다. 이런 사회적 분위기는 액티브 펀드의 쇠퇴로 이어졌고, 대신 개인이 직접 의사 결정을 내리는 '개인 투자의 시대'를 열었다. 한국의 경우 퇴직연금 시장이 본격화하기 전부터 개인 투자 문화가 빠르게 자리 잡으며 투자 열풍을 만들었다.

이 같은 흐름 속에서 글로벌 금융 시장의 대표 상품으로 자리 잡은 것이 ETF다. 액티브 펀드가 외면받고 패시브 지수 투자가 각광받는 환경에서 ETF는 자연스럽게 성장했다.

펀드와 마찬가지로, ETF는 크게 액티브 ETF와 패시브 ETF로 나눌 수 있다. 패시브 ETF는 S&P500이나 KOSPI200과 같은 시장 지수를 그대로 추종하여, 시장 평균 수익률을 따라가는 것을 목표로 한다. 반면 액티브 ETF는 운용사가 종목을 선별하고 비중을 조정하는 등 적극적인 전략을 통해 시장 평균을 초과하는 성과를 내는 것을 목표로 한다. 즉, 패시브 ETF가 단순히 '시장과 함께 가는 상품'이라면, 액티브 ETF는 '시장을 이기기 위해 운용되는 상품'이라고 할 수 있다. 특히 2010년대 이후 미국 시장을 중심으로 S&P500을 추종하는 SPY, IVV, VOO, 그리고 나스닥100을 추종하는 QQQ, QQQM 등이 글로벌 대표 ETF로 자리 잡았다. 물론 한국도 예외는 아니다.

그러나 패시브 ETF 시대에도 새로운 변화가 시작되었다. 바로 '액티브 ETF'의 부상이다. 처음 들으면 패시브 ETF의 단순한 변형 상품 같아 보일 수 있지만, 그 배경과 성과를 살펴보면 단순한 옵션을 넘어 투자 패러다임 자체를 바꿀 수 있는 중요한 분기점임을 알 수 있다.

먼저, 국내 액티브 ETF의 상장 건수와 순자산이 최근 몇 년 사이 빠르게 증가하고 있다. 언론 보도에 따르면 2025년 6월까지 신규 상장된 국내 액티브 ETF의 수는 누적 262개이며, 2022년 말 12조 원에 불과하던 액티브 ETF의 순자산도 2025년 6월 말 기준 72조 원을 넘어섰다. 돈은 수익이 날 것 같은 곳으로 흐르는 경향이 있는데, 지금은 액티브 ETF가 그 흐름의 중심에 서 있는 셈이다.

한국 ETF 시장 전체 규모도 2022년 약 76조 원에서 2025년 약 210조 원으로 성장했으며, 이 가운데 액티브 ETF가 자금을 빠르게 흡수하고 있다. 이러한 변화가 어떤 의미를 갖는지 완전히 이해하지 못하더라도, 시장이 달라지고 있다는 사실만큼은 분명하게 체감할 수 있는 뉴스다.*

필자는 투자를 자주 '운전'에 비유한다. 운전과 투자는 닮은 점이 많기 때문이다. 자가운전이 개인 투자를 뜻한다면, 대중교통은 ETF나 펀드에 해당한다. 대중교통 중 시내버스는 공모 펀드와 유사하다. 노선과 시간표가 공개되어 있어 편리하게 이용할 수 있지만, 원하는 방향으로 마음대로 갈 수는 없다. 전세버스는 사모 펀드에 비유할 수 있는데, 특정 목적지로 갈 수 있다는 장점이 있으나 외부에서 보면 어디로 향하는지 알기 어렵다. 자가운전은 운행

---

* https://www.chosun.com/economy/money/2025/07/25/3WRC2TKBDNCCDMNSRLEC5R5D4M/ 참고

시간, 목적지를 마음대로 할 수 있어 자유도가 무제한이지만 스스로 운전을 해야 하고, 사고 발생 시 모든 책임을 져야 한다는 점에서 개인 투자와 같다.

    투자와 운전이 비슷한 또 다른 이유는 모두 위험을 내포하고 있기 때문이다. 투자에서 가장 큰 위험은 변동성이 아니라 원금 손실이고, 운전에서는 교통사고가 이에 해당한다. 즉, 투자에서 원본 손실이 발생하는 상황이 운전에서 교통사고가 나는 상황과 같다고 보면 된다.

    그렇다면 대수의 법칙(많이 반복할수록 평균은 기대값에 가까워진다는 원리)과 확률론적 사고에 따라서, 운전을 오래 하면 할수록 사고가 날 확률도 비례해서 증가할 것이다. 설령 평생에 걸쳐 무사고를 기록했다 하더라도, 어느 순간 사고가 찾아올 수 있는 것처럼 말이다. 핵심은 운전을 오래 하고 장거리 운행을 많이 할수록 사고 확률이 높아지는 것처럼, 투자도 직접 운용을 자주 또 오랜 기간 할수록, 즉 시장에 오래 노출될수록 사고율이 올라가고 원본 손실 가능성이 발생한다. 결국 돈을 벌기 위해 투자를 시작했지만 결과적으로 잃는 상황이 발생할 수 있는 것이다.

    우리 삶의 많은 부분은 전문가에게 맡겨져 왔다. 투자 역시 마찬가지로 오랫동안 '공모 펀드'라는 이름의 운전기사에게 의존했다. 당시 공모 펀드들은 시장 대비 초과 성과를 내려는, 즉 목적지에 더 빨리 도착하기 위해 경쟁 운전을 하는 경향을 보였으며, 승객들은 성과를 더 잘 내는 공모 펀드에 만족감을 드러냈다. 그러나 2008년 글로벌 금융 위기가 터지고 액티브 펀드로 대표되는 공모 펀드들이 일제히 부진을 겪자 투자자들은 더 이상 이 버스를 타려 하지 않았다.

이후 시장은 '패시브'의 시대로 접어들었다. 패시브 투자는 수동 투자를 의미하는데, '시장을 이기는 액티브는 없다.'는 인식 아래 지수를 그대로 추종하는 인덱스 투자가 주류로 자리 잡았다. 개인들이 인덱스를 매수하는 수단으로 ETF가 등장했고, 가입 절차가 번거로운 펀드와 달리 ETF는 주식처럼 증권사의 HTS(Home Trading System, 개인 투자자가 집에서 PC로 주식, ETF, 채권, 선물옵션 등을 사고팔 수 있도록 만든 프로그램)나 MTS(Mobile Trading System, 스마트폰·태블릿에서 언제 어디서나 거래할 수 있도록 만든 앱)를 통해서 얼마든지 사고팔 수 있었으므로 사용 편의성은 고도로 높아졌다.

이 시기에 '패시브 투자=ETF'라는 공식이 확립되었고, 미국의 S&P500, 나스닥 지수를 추종하는 ETF가 대표적인 투자 수단으로 부상했다.

그러나 2023년부터 시장은 다시 '액티브'의 시대로 이동하고 있다. 앞서 언급한 수치와 기사들이 보여주듯, 패시브 ETF가 지배해온 약 15년을 지나 이제는 액티브 전략에 대한 수요가 다시 커지고 있다. 투자 철학을 담는 그릇은 2008년 금융 위기 전에는 '펀드'였지만, 지금은 ETF로 그 그릇만 바뀌었을 뿐이다. 즉, ETF는 지수 투자만을 의미하는 것도 아니며, ETF는 단지 그릇의 형태일 뿐이고, 그 철학이 액티브냐 패시브냐를 따진다면 ETF도 얼마든지 액티브일 수 있다는 것이다.

그렇게 달라진 버스 운전기사들이 우리 곁에 왔다. 비유하면 과거에는 버스를 타기 위해서 정해진 곳에 가서 승차권을 산 뒤 버스에 탔다면(공모 펀드 방식), 지금은 교통카드를 들고 다니면서 타고 싶은 대중교통을 마음대로 이용할 수 있다(ETF 방식). 액티브 ETF는 이렇게 시장에 등장해 지수를 웃도는 성과를 내며 자금을 끌어모으고 있다.

02

액티브 ETF는 왜 투자 성과가 좋아졌나?

투자에서 액티브 ETF를 반드시 고려해야 하는 이유는 무엇보다도 성과가 좋기 때문이다. 투자의 본질은 결국 수익을 내는 것이고, 투자자가 자신에게 맞는 상품들을 어떻게 조합하느냐에 따라 결과가 달라진다. 단순히 '지수를 사는 것만으로도 펀드 매니저보다 더 나은 성과를 낼 수 있다.'라는 생각으로 접근하는 것도 가능하지만, 이제는 지수만이 아니라 액티브 ETF를 함께 혼합해 효율적인 투자를 설계하는 방식이 점점 더 중요해지고 있다. 즉, 단일한 접근보다는 포트폴리오 안에서 지수와 액티브를 적절히 배분하는 것이 성과 향상의 관건이다.

투자 성과를 확인하는 가장 좋은 방법은 액티브 ETF와 패시브 ETF를 직접 비교하는 것이다. 전 세계적으로 가장 유명하고 잘 알려진 ETF들을 꼽으라면, 나스닥 지수를 추종하는 QQQ나 QQQM, 그리고 S&P500 지수를 기초로 하는 SPY, IVV 등이 대표적이다. 이 중에서도 편의상 나스닥100 지수를 기반으로 하는 QQQ를 중심으로 살펴보자.

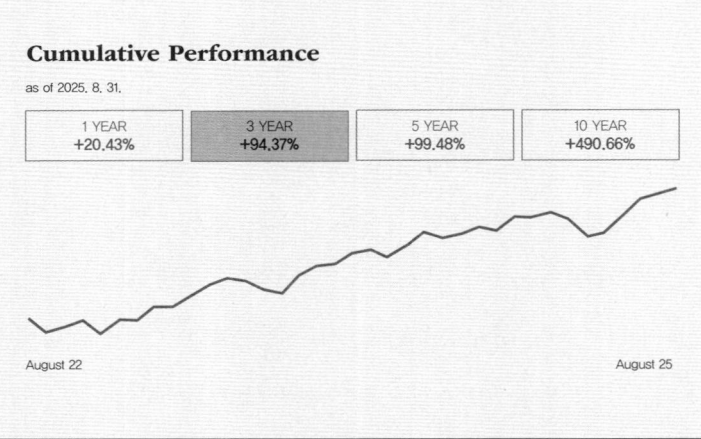

자료: 인베스코

위는 인베스코의 QQQ 투자 성과를 정리한 도표이다. 인베스코 웹사이트는 QQQ가 SPY보다 얼마나 대단한 ETF인지를 설명하고 있는데, 최근 3년간 누적 성과는 무려 +94.37%에 달하며, 1년 기준으로도 +20.43%라는 우수한 성과를 기록했다. 이는 단순히 시장 평균을 따라가는 것이 아니라, 특정 시기에는 시장 대비 뚜렷하게 높은 성과를 보여줄 수 있음을 시사한다.

QQQ는 나스닥100 지수의 90% 이상을 그대로 반영하는 전형적인 패시브 ETF다. 즉, 액티브 매니저가 종목을 선별해서 운용하는 것이 아니라, 규칙에 따라 나스닥100 지수에 포함된 대형 기술주와 성장주를 그대로 담는 방식이다. 그런데도 그 성과가 이 정도라는 점은, 결국 ETF가 어떤 기초 자산을 추종하느냐가 성과에 얼마나 중요한 영향을 미치는지를 보여준다. 실제로 QQQ에 몰린 투자금은 3,640억 달러를 넘어서며, 이는 전 세계 투자자들이 얼마나 신뢰하고 선호하는 상품인지를 단적으로 보여주는 수치다(자료 작성일 2025년 9월 기준).

전설적인 QQQ와 비교할 만한 액티브 ETF가 있을까? 있다. 바로 나스닥100 지수를 기반으로 액티브 운용을 하는 타임폴리오의 'Timefolio 미국나스닥100액티브'(426030)다. 이 상품은 일종의 'QQQ 액티브 버전'이라고 볼 수 있다.

다음 도표는 'Timefolio 미국나스닥100액티브'의 운용 성과를 기록한 것이다. QQQ는 1년 기준 +20.43%, 3년 누적으로

+94.37%의 수익률을 기록했다. 반면 'Timefolio 미국나스닥100 액티브'는 같은 기간 동안 1년 +71.09%, 3년 누적으로 무려 +195.11%의 성과를 냈다. 이는 3년간 QQQ가 두 배 올랐다면, QQQ 액티브는 세 배 가까이 상승했다는 의미다.

구분	1주	1개월	3개월	6개월	1년	3년	연초 이후	상장 이후
기준가	0.77	−0.37	23.80	36.01	71.09	195.11	15.90	214.90
비교 지수	0.79	1.20	11.58	13.37	30.87	94.30	5.38	108.90
초과 성과	−0.01	−1.57	12.22	22.64	40.22	100.81	10.52	106.00

자료: 타임폴리오

다시 말해, 지난 1년 동안 나스닥 지수가 약 20% 올랐을 때, 액티브 전략을 적용한 이 ETF는 70%가 넘는 압도적인 상승을 기록한 것이다.

S&P500을 기초로 하는 대표 ETF끼리 비교를 해보자. S&P500의 대장 격 중 하나인 블랙록 IVV의 성과는 다음의 표와 같다.

먼저 1년으로는 15.13%이고, 3년으로는 71.41%이다. 지수와 거의 동일하게 움직였음을 알 수 있다.

Average Annual	Cumulative	Calendar Year							
as of Jun 30, 2025									
	YTD	1m	3m	6m	1y	3y	5y	10y	Incept
Total Return (%)	6.18	5.08	10.93	6.18	15.13	71.41	115.57	258.18	574.40
Market Price (%)	6.13	5.18	10.84	6.13	15.02	71.34	115.86	258.21	573.90
Benchmark (%)	6.20	5.09	10.94	6.20	15.16	71.55	115.89	259.36	583.23
After Tax Pre-Liq. (%)	6.02	5.00	10.85	6.02	14.74	69.51	111.72	243.15	511.91
After Tax Post-Liq. (%)	3.75	3.06	6.52	3.75	9.17	54.00	87.10	190.89	405.51

자료: 블랙록

이와 비교할 수 있는 액티브 ETF는 뭘까? 이 역시 타임폴리오의 '미국S&P500액티브'(426020)이다. 아래 도표는 운용 성과를 기록한 것이다.

구분	1주	1개월	3개월	6개월	1년	3년	연초 이후	상장 이후
기준가	0.43	-0.10	15.90	20.29	39.80	124.57	6.62	140.06
비교 지수	0.11	2.31	11.24	8.56	23.36	64.01	3.62	76.64
초과 성과	0.31	-2.41	4.66	11.73	16.44	60.56	3.00	63.42

자료: 타임폴리오

먼저 1년 성과를 보면 S&P가 23.36% 상승하였다. 원 지수는 16.44% 상승한 데 비해 한국 기준으로 23.36% 상승했는데, 약 6%는 환율 효과이기 때문이다. 그렇게 본다면 지수는 23.36% 상승하였는데, 성과는 39.80%를 달성하였다. 그리고 3년은 지수가 64.01%이고 성과는 124.57%다. 본 주 3년 71% 대비 사실상 1.8배 이상 상승한 셈이다. 물론 이 기간에는 환율 영향이 분명히 존재했다. 그러나 직전 3개월을 보더라도 IVV가 10.94%(12쪽 도표 참조) 상승할 때, 액티브 IVV인 타임폴리오의 S&P500액티브는 15.90% 상승했다. 거의 모든 기간에서 누적 수익률 기준으로 초과 성과를 낸 것이다. 그것도 '지수'를 베이스로 하는 액티브 ETF인데도 말이다.

필자가 주로 타임폴리오의 액티브 ETF를 사례로 드는 이유는 단순하다. 현재 한국 시장에서 3년 이상 장기 시계열 데이터를 확보한 액티브 ETF를 운용하고 있는 곳이 타임폴리오 정도이기 때문이다. 장기 성과를 통해 액티브 전략의 특성을 살펴보기에는 타임폴리오 사례가 가장 적합하다.

물론 타임폴리오 외에도 다양한 액티브 ETF가 시장에 존재한다. 삼성자산운용·미래에셋자산운용·한국투자신탁운용 등 과거 공모 펀드의 전통 강자들이 잇따라 액티브 ETF 시장에 진출하고 있다. 그중에서도 가장 많은 자금을 모아 운용 자산AUM, Assets

Under Management 규모가 큰 대표적 상품은 한국투자신탁운용이 내놓은 'ACE 테슬라밸류체인액티브'(457480)다. 'ACE'는 한국투자신탁운용이 사용하는 액티브 ETF 브랜드 코드이며, 특히 테슬라밸류체인액티브는 2023년 5월 16일 상장 이후 불과 2년 만에 운용 자산이 1조 원에 육박했고, 출시 후 수익률도 약 63%를 기록하며 투자자들의 주목을 받고 있다. 이 상품은 기초 지수를 70%가량 추종하면서 나머지 부분을 액티브하게 운용하는 구조를 갖추고 있어, 전통적인 지수 추종 ETF와 차별화된 전략을 보여준다.

한편 ETF에서 운용 자산 AUM은 단순한 숫자 이상의 의미를 가진다. 우선 AUM이 크다는 것은 많은 투자 자금이 유입되어 있다는 뜻으로, 그만큼 시장 신뢰도가 높다는 신호다. 또 AUM이 일정 규모 이상으로 커야 ETF의 거래 유동성이 확보되어, 매수·매도 시 슬리피지(slippage, 기대 가격과 실제 체결 가격의 차이)가 줄어든다. 더 나아가 자금 규모가 충분하면 운용사가 지수를 추종하거나 액티브 전략을 실행할 때 추적 오차 Tracking Error를 최소화할 수 있다. 결국 AUM은 단순한 규모의 문제가 아니라, 투자자가 ETF를 선택할 때 안정성·유동성·성과의 신뢰도를 판단하는 핵심 지표인 셈이다.

액티브 ETF의 성과가 개선된 배경에는 시장에서 혁신 기업을 발굴하는 역량이 한층 강화된 점이 크다. 세계적으로 액티브 ETF 열풍을 주도한 사례로는 캐시 우드가 이끄는 'ARK Innovation ETF'가 대표적이다. ARK 역시 2022년 하락장에서 큰 폭의 손실을 겪었지만, 이후 인공지능AI을 중심으로 한 성장주들이 다시 시장을 주도하면서 가파른 회복세를 보였다. 이러한 흐름은 액티브 전략의 성패가 결국 '혁신'의 존재 여부와 맞닿아 있음을 잘 보여준다.

즉, 혁신 기업이 등장하고 시장의 변화를 주도하는 국면에서는 액티브 전략이 초과 성과를 내며 빛을 발한다. 반대로 혁신이 부재하고 전반적인 성장률이 낮아지는 저성장 국면에서는 오히려 지수 전체를 추종하는 패시브 투자가 상대적으로 유리하다. 이런 맥락에서 2023년 이후 한국뿐 아니라 미국, 나아가 전 세계적으로 액티브 ETF가 높은 성과를 기록하고 있는 것은 단순한 우연이 아니라 시대적 흐름의 산물이라 할 수 있다.

03
주식형 액티브 ETF
한눈에 보기

　ETF 시장은 갈수록 상품이 세분화하고, 액티브 ETF만 해도 이미 다양한 종목이 상장되어 있다. 투자자 입장에서는 어떤 상품이 어느 시점에 상장되었는지, 어떤 기초 자산을 담고 있으며 운용 규모가 어느 정도인지를 한눈에 확인하는 것이 중요하다. 특히 상장 좌수와 운용 자산 규모AUM는 해당 ETF의 신뢰도와 유동성을 가늠하는 핵심 지표가 되기 때문이다.

　다음 표는 상품의 특성과 운용 현황을 비교할 수 있도록 상장 좌수를 기준으로 주요 주식형 액티브 ETF 목록을 정리한 것이다.

단축 코드	한글 종목 약명	상장일	기초 시장	기초 자산	상장 좌수	운용사	총 보수
457480	ACE 테슬라밸류체인액티브	2023. 5. 16.	해외	주식	60,200,000	한국투자신탁운용	0.290000
441640	KODEX 미국배당커버드콜액티브	2022. 9. 27.	해외	주식	42,150,000	삼성자산운용	0.190000
494890	KODEX 200액티브	2024. 10. 29.	국내	주식	28,500,000	삼성자산운용	0.150000
388420	RISE 비메모리반도체액티브	2021. 6. 10.	국내	주식	22,680,000	케이비자산운용	0.500000
422420	RISE 2차전지액티브	2022. 4. 8.	국내	주식	21,860,000	케이비자산운용	0.350000
456600	TIMEFOLIO 글로벌AI인공지능액티브	202.3. 5. 16	해외	주식	19,740,000	타임폴리오자산운용	0.800000
466950	TIGER 글로벌AI액티브	2023. 10. 11.	해외	주식	13,760,000	미래에셋자산운용	0.790000
401470	KODEX 메타버스액티브	2021. 10. 13.	국내	주식	13,250,000	삼성자산운용	0.500000
426030	TIMEFOLIO 미국나스닥100액티브	2022. 5. 11.	해외	주식	13,140,000	타임폴리오자산운용	0.800000
483320	ACE 엔비디아밸류체인액티브	2024. 6. 11.	해외	주식	12,050,000	한국투자신탁운용	0.450000
0060H0	TIGER 토탈월드스탁액티브	2025. 6. 24.	해외	주식	10,700,000	미래에셋자산운용	0.250000

* 총 보수: ETF를 1년간 보유할 때 투자금 대비 차감되는 연간 비용 비율(%). 운용 보수, 수탁 보수, 사무관리 보수 등이 포함되며, 예를 들어 총 보수 0.29%는 1,000만 원 투자 시 연간 약 29,000원이 비용으로 차감된다는 의미임.

단축코드	한글 종목 약명	상장일	기초시장	기초자산	상장 좌수	운용사	총 보수
462900	KoAct 바이오헬스케어액티브	2023. 8. 3.	국내	주식	10,200,000	삼성액티브자산운용	0.500000
445290	KODEX 로봇액티브	2022. 11. 15.	국내	주식	9,950,000	삼성자산운용	0.500000
463050	TIMEFOLIO K바이오액티브	2023. 8. 17.	국내	주식	9,950,000	타임폴리오자산운용	0.800000
441800	TIMEFOLIO Korea 플러스배당액티브	2022. 9. 27.	국내	주식	9,700,000	타임폴리오자산운용	0.800000
451060	1Q K200액티브	2023. 1. 31.	국내	주식	9,600,000	하나자산운용	0.180000
478150	TIMEFOLIO 글로벌우주테크&방산액티브	2024. 4. 23.	해외	주식	9,350,000	타임폴리오자산운용	0.800000
491010	TIGER 글로벌AI전력인프라액티브	2024. 9. 10.	해외	주식	9,350,000	미래에셋자산운용	0.490000
472150	TIGER 배당커버드콜액티브	2023. 12. 12.	국내	주식	9,150,000	미래에셋자산운용	0.500000
412770	TIGER 글로벌AI플랫폼액티브	2021. 12. 22.	해외	주식	8,790,000	미래에셋자산운용	0.790000
0026E0	KODEX 미국S&P500 버퍼3월액티브	2025. 3. 25.	해외	주식	6,750,000	삼성자산운용	0.390000
385720	TIMEFOLIO 코스피액티브	2021. 5. 25.	국내	주식	6,500,000	타임폴리오자산운용	0.800000
0074K0	KoAct K수출핵심기업 TOP30액티브	2025. 7. 8.	국내	주식	6,050,000	삼성액티브자산운용	0.500000
487910	ACE 인도컨슈머파워액티브	2024. 9. 10.	해외	주식	5,650,000	한국투자신탁운용	0.450000

단축 코드	한글 종목 약명	상장일	기초 시장	기초 자산	상장 좌수	운용사	총 보수
385510	KODEX 신재생에너지 액티브	2021. 5. 25.	국내	주식	5,600,000	삼성자산운용	0.500000
0068M0	KODEX 미국S&P500 버퍼6월액티브	2025. 6. 24.	해외	주식	5,000,000	삼성자산운용	0.390000
447430	ACE 주주환원가치주 액티브	2022. 11. 15.	국내	주식	4,600,000	한국투자신탁운용	0.700000
471040	KoAct 글로벌AI&로봇 액티브	2023. 11. 21.	국내& 해외	주식	4,450,000	삼성액티브자산운용	0.500000
444200	SOL 코리아메가테크 액티브	2022. 10. 18.	국내	주식	4,250,000	신한자산운용	0.550000
495230	KoAct 코리아밸류업 액티브	2024. 11. 4.	국내	주식	3,950,000	삼성액티브자산운용	0.500000
411420	KODEX 미국나스닥AI 테크액티브	2021. 12. 22.	해외	주식	3,850,000	삼성자산운용	0.500000
414270	ACE 글로벌자율주행 액티브	2022. 2. 15.	해외	주식	3,700,000	한국투자신탁운용	0.290000
494330	ACE 라이프자산주주 가치액티브	2024. 10. 15	국내	주식	3,550,000	한국투자신탁운용	0.500000
407830	에셋플러스 글로벌 플랫폼액티브	2021. 11. 16.	해외	주식	3,500,000	에셋플러스자산운용	0.990000
0015B0	KoAct 미국나스닥 성장기업액티브	2025. 2. 25.	해외	주식	3,400,000	삼성액티브자산운용	0.500000
0043Y0	TIMEFOLIO 차이나 AI테크액티브	2025. 5. 13.	해외	주식	3,400,000	타임폴리오자산운용	0.800000
495940	RISE 미국AI테크액티브	2024. 11. 26.	해외	주식	2,750,000	케이비자산운용	0.500000

단축코드	한글 종목 약명	상장일	기초시장	기초자산	상장 좌수	운용사	총 보수
423170	SOL 한국형글로벌반도체액티브	2022. 4. 12.	국내&해외	주식	2,560,000	신한자산운용	0.550000
495060	TIMEFOLIO 코리아밸류업액티브	2024. 11. 4.	국내	주식	2,550,000	타임폴리오자산운용	0.800000
410870	TIMEFOLIO K컬처액티브	2021. 12. 15.	국내	주식	2,500,000	타임폴리오자산운용	0.800000
448570	FOCUS AI코리아액티브	2022. 11. 15.	국내	주식	2,450,000	브이아이자산운용	0.455000
0049M0	ACE 미국배당퀄리티+커버드콜액티브	2025. 5. 13.	해외	주식	2,450,000	한국투자신탁운용	0.150000
385590	ACE ESG액티브	2021. 5. 25.	국내	주식	2,400,000	한국투자신탁운용	0.500000
497780	KoAct 미국천연가스인프라액티브	2024. 12. 10.	해외	주식	2,350,000	삼성액티브자산운용	0.500000
385600	ACE 2차전지&친환경차액티브	2021. 5. 25.	국내	주식	2,300,000	한국투자신탁운용	0.290000
476850	KoAct 배당성장액티브	2024. 2. 27.	국내	주식	2,250,000	삼성액티브자산운용	0.500000
426020	TIMEFOLIO 미국S&P500액티브	2022. 5. 11.	해외	주식	2,240,000	타임폴리오자산운용	0.800000
385520	KODEX 자율주행액티브	2021. 5. 25.	국내	주식	2,150,000	삼성자산운용	0.500000
403790	마이다스 코스피액티브	2021. 10. 13.	국내	주식	2,100,000	마이다스에셋	0.620000
407820	에셋플러스 코리아플랫폼액티브	2021. 11. 16.	국내	주식	2,100,000	에셋플러스자산운용	0.975000

단축코드	한글 종목 약명	상장일	기초시장	기초자산	상장 좌수	운용사	총 보수
0028X0	KODEX 미국금융테크액티브	2025. 5. 27.	해외	주식	2,050,000	삼성자산운용	0.450000
0041E0	KODEX 미국S&P500액티브	2025. 4. 22.	해외	주식	2,000,000	삼성자산운용	0.450000
445150	KODEX 친환경조선해운액티브	2022. 11. 15.	국내	주식	1,950,000	삼성자산운용	0.500000
483340	ACE 구글밸류체인액티브	2024. 6. 11.	해외	주식	1,900,000	한국투자신탁운용	0.450000
387280	TIGER 퓨처모빌리티액티브	2021. 5. 25.	국내	주식	1,840,000	미래에셋자산운용	0.770000
0040S0	HANARO 글로벌피지컬AI액티브	2025. 4. 22.	해외	주식	1,750,000	엔에이치아문디자산운용	0.600000
442260	마이티 다이나믹퀀트액티브	2022. 10. 25	국내	주식	1,720,000	디비자산운용	0.295000
0036D0	TIMEFOLIO 미국배당다우존스액티브	2025. 4. 29.	해외	주식	1,700,000	타임폴리오자산운용	0.800000
486240	DAISHIN343 AI반도체&인프라액티브	2024. 6. 18.	국내	주식	1,700,000	대신자산운용	0.360000
428510	KODEX 차이나AI테크액티브	2022. 5. 17.	해외	주식	1,550,000	삼성자산운용	0.500000
483330	ACE 마이크로소프트밸류체인액티브	2024. 6. 11.	해외	주식	1,500,000	한국투자신탁운용	0.450000
472720	TRUSTON 주주가치액티브	2023. 12. 14.	국내	주식	1,500,000	트러스톤자산운용	0.785000
422260	VITA MZ소비액티브	2022. 3. 29.	국내	주식	1,500,000	한국투자밸류자산운용	0.600000

부록 2. 액티브 ETF의 시대를 열다

단축 코드	한글 종목 약명	상장일	기초 시장	기초 자산	상장 좌수	운용사	총 보수
474590	WON 반도체밸류체인액티브	2024. 1. 16.	국내	주식	1,450,000	우리자산운용	0.310000
461340	HANARO 글로벌생성형AI액티브	2023. 7. 11.	해외	주식	1,400,000	엔에이치아문디자산운용	0.600000
365040	TIGER AI코리아그로스액티브	2020. 9. 29.	국내	주식	1,400,000	미래에셋자산운용	0.400000
387270	TIGER 글로벌이노베이션액티브	2021. 5. 25.	해외	주식	1,370,000	미래에셋자산운용	0.550000
459790	KIWOOM 미국성장기업30액티브	2023. 6. 27.	해외	주식	1,350,000	키움투자자산운용	0.760000
494220	UNICORN SK하이닉스밸류체인액티브	2024. 11. 7.	국내	주식	1,350,000	현대자산운용	0.500000
494180	TIMEFOLIO 글로벌소비트렌드액티브	2024. 10. 29.	해외	주식	1,300,000	타임폴리오자산운용	0.800000
487920	ACE 인도시장대표BIG5그룹액티브	2024. 9. 10.	해외	주식	1,300,000	한국투자신탁운용	0.450000
0000Z0	RISE 바이오TOP10액티브	2024. 12. 24.	국내	주식	1,300,000	케이비자산운용	0.500000
491510	파워 K-주주가치액티브	2024. 9. 24.	국내	주식	1,300,000	교보악사자산운용	0.405000
0079X0	ACE BYD밸류체인액티브	2025. 7. 15.	해외	주식	1,250,000	한국투자신탁운용	0.450000
0001P0	마이티 바이오시밀러&CDMO액티브	2024. 12. 24.	국내	주식	1,240,000	디비자산운용	0.805000
496130	TRUSTON 코리아밸류업액티브	2024. 11. 4.	국내	주식	1,220,000	트러스톤자산운용	0.785000

단축코드	한글 종목 약명	상장일	기초시장	기초자산	상장 좌수	운용사	총 보수
459750	RISE 글로벌주식분산액티브	2023. 6. 27.	해외	주식	1,200,000	케이비자산운용	0.200000
385710	TIMEFOLIO K이노베이션액티브	2021. 5. 25.	국내	주식	1,200,000	타임폴리오자산운용	0.800000
445690	BNK 주주가치액티브	2022. 10. 27.	국내	주식	1,100,000	비엔케이자산운용	0.495000
483420	ACE 애플밸류체인액티브	2024. 6. 11.	국내&해외	주식	1,100,000	한국투자신탁운용	0.450000
0002C0	에셋플러스 인도일등기업포커스20액티브	2025. 2. 25.	해외	주식	1,080,000	에셋플러스자산운용	0.990000
474920	에셋플러스 차이나일등기업포커스10액티브	2024. 1. 16.	해외	주식	1,040,000	에셋플러스자산운용	0.990000
415760	SOL 차이나육성산업액티브(합성)	2022. 1. 13.	해외	주식	1,020,000	신한자산운용	0.550000
0015K0	TIGER 미국소비트렌드액티브	2025. 2. 18.	해외	주식	1,000,000	미래에셋자산운용	0.790000
0053M0	더제이 중소형포커스액티브	2025. 7. 22.	국내	주식	1,000,000	더제이자산운용	0.685000
471780	TIGER 코리아테크액티브	2023. 11. 28.	국내	주식	1,000,000	미래에셋자산운용	0.770000
395760	PLUS ESG성장주액티브	2021. 7. 30.	국내	주식	950,000	한화자산운용	0.105000
0035T0	PLUS 글로벌휴머노이드로봇액티브	2025. 4. 15.	국내&해외	주식	950,000	한화자산운용	0.450000
391670	HK 베스트일레븐액티브	2021. 7. 6.	국내	주식	950,000	흥국자산운용	0.300000

단축코드	한글 종목 약명	상장일	기초시장	기초자산	상장 좌수	운용사	총 보수
0051A0	KoAct 브로드컴밸류체인액티브	2025. 5. 20.	해외	주식	900,000	삼성액티브자산운용	0.500000
494210	SOL 미국500타겟데일리커버드콜액티브	2024. 10. 15.	해외	주식	900,000	신한자산운용	0.350000
442090	에셋플러스 코리아대장장이액티브	2022. 9. 20.	국내	주식	900,000	에셋플러스자산운용	0.975000
413930	WON AI ESG액티브	2022. 1. 5.	국내	주식	850,000	우리자산운용	0.310000
0087F0	ACE 차이나AI빅테크TOP2+액티브	2025. 7. 29.	해외	주식	800,000	한국투자신탁운용	0.450000
477490	에셋플러스 글로벌일등기업포커스10액티브	2024. 3. 19.	해외	주식	800,000	에셋플러스자산운용	0.990000
498050	HANARO 바이오코리아액티브	2024. 11. 26.	국내	주식	800,000	엔에이치아문디자산운용	0.500000
482870	HANARO 주주가치성장코리아액티브	2024. 6. 11.	국내	주식	800,000	엔에이치아문디자산운용	0.600000
490330	KoAct 미국뇌질환치료제액티브	2024. 9. 3.	해외	주식	700,000	삼성액티브자산운용	0.500000
404120	TIMEFOLIO K신재생에너지액티브	2021. 10. 29.	국내	주식	700,000	타임폴리오자산운용	0.800000
452440	VITA 밸류알파액티브	2023. 2. 21.	국내	주식	700,000	한국투자밸류자산운용	0.600000
487130	KoAct AI인프라액티브	2024. 7. 9.	국내	주식	650,000	삼성액티브자산운용	0.500000
0020H0	KoAct 글로벌양자컴퓨팅액티브	2025. 3. 11.	국내&해외	주식	650,000	삼성액티브자산운용	0.500000

단축코드	한글 종목 약명	상장일	기초시장	기초자산	상장 좌수	운용사	총 보수
433220	에셋플러스 글로벌대장장이액티브	2022. 6. 28.	해외	주식	620,000	에셋플러스자산운용	0.990000
451150	에셋플러스 글로벌영에이지액티브	2023. 1. 31.	해외	주식	620,000	에셋플러스자산운용	0.990000
457930	BNK 미래전략기술액티브	2023. 6. 20.	국내	주식	600,000	비엔케이자산운용	0.495000
364690	KODEX 혁신기술테마액티브	2020. 9. 29.	국내	주식	600,000	삼성자산운용	0.300000
485810	TIMEFOLIO 글로벌안티에이징바이오액티브	2024. 7. 2.	해외	주식	550,000	타임폴리오자산운용	0.800000
395750	PLUS ESG가치주액티브	2021. 7. 30.	국내	주식	550,000	한화자산운용	0.105000
462340	에셋플러스 글로벌다이나믹시니어액티브	2023. 7. 25.	해외	주식	520,000	에셋플러스자산운용	0.990000
446690	KODEX 아시아AI반도체exChina액티브	2023. 2. 1.	해외	주식	500,000	삼성자산운용	0.500000
373490	KODEX 코리아혁신성장액티브	2020. 12. 24.	국내	주식	500,000	삼성자산운용	0.500000
475070	KoAct 글로벌친환경전력인프라액티브	2024. 1. 18.	국내&해외	주식	500,000	삼성액티브자산운용	0.500000
429980	SOL 한국형글로벌전기차& 2차전지액티브	2022. 6. 14.	국내&해외	주식	500,000	신한자산운용	0.550000
482030	KoAct 테크핵심소재공급망액티브	2024. 5. 14.	국내	주식	450,000	삼성액티브자산운용	0.500000
476000	UNICORN 포스트IPO액티브	2024. 2. 27.	국내	주식	450,000	현대자산운용	0.500000

단축코드	한글 종목 약명	상장일	기초시장	기초자산	상장 좌수	운용사	총 보수
407160	KCGI 테크미디어텔레콤액티브	2021. 11. 16.	국내	주식	400,000	케이씨지아이자산운용	0.445000
433250	UNICORN R&D액티브	2022. 7. 6.	국내	주식	400,000	현대자산운용	0.355000
488290	마이다스 일본테크액티브	2024. 8. 6.	해외	주식	325,000	마이다스에셋	0.650000
411050	ACE 글로벌메타버스테크액티브	2021. 12. 22.	해외	주식	300,000	한국투자신탁운용	0.500000
438740	마이다스 중소형액티브	2022. 8. 17.	국내	주식	300,000	마이다스에셋	0.620000
407170	KCGI 스마트커머스액티브	2021. 11. 16.	국내	주식	250,000	케이씨지아이자산운용	0.445000
470310	UNICORN 생성형AI 강소기업액티브	2023. 11. 21.	국내	주식	250,000	현대자산운용	0.500000

04

채부심이 주목하는
액티브 ETF

액티브 ETF는 이미 다양한 상품이 존재하지만, 앞으로는 더 빠르게 늘어날 것이다. 과거 액티브 펀드 시대가 그러했듯, 액티브 ETF 역시 성과를 기준으로 시장의 선택을 받게 될 것이며, 일부 종목들은 이미 과열 양상을 보이고 있다.

그러나 개인 투자자의 입장에서는 어느 운용사의 상품이 좋은지, 어느 매니저의 실력이 뛰어난지 직접 확인하기 어렵다. 10년 넘게 기관 투자자만 상대해 온 필자조차도 현재는 대략적인 윤곽만 파악할 수 있을 뿐, 앞으로는 상품 선택이 점점 더 어려워질 것이라고 본다. 따라서 개별 ETF를 하나하나 추천하기보다는, 어떤 기준으로 상품을 선별하면 좋을지 큰 원칙을 정리해 보겠다.

첫째, 패시브 지수를 액티브화한 상품이다.

지수를 기본으로 삼으면서도 운용 과정에서 차별화를 추구하는 만큼, 장기 투자에 적합하면서도 일정 수준의 초과 성과를 기대할 수 있다.

대표적으로 KODEX 200액티브(494890), 타임폴리오 미국나스닥100액티브(426030), 타임폴리오 코스피액티브(385720), KoACT 미국나스닥성장기업액티브(0015B0), Kodex 미국S&P500액티브(0041E0) 등이 있다.

둘째, AI 테마 ETF다.

AI는 2023년 이후 침체된 시장을 되살리며 액티브 ETF 시대를 열어젖힌 상징적인 테마다. 꺼져가던 시장의 불꽃을 바닥에서부터 다시 지펴 지금의 액티브 시장을 일으켜 세운 AI 테마 ETF는, 신들로부터 불을 훔쳐 인간에게 건네줌으로써 새로운 문명의 서막을 연 프로메테우스의 불과도 같다.

실제로 AI를 주제로 한 액티브 ETF는 종류도 가장 많다. 타임폴리오 글로벌AI인공지능액티브(456600), TIGER 글로벌AI액티브(466950), TIGER 글로벌AI플랫폼액티브(412770), KoACT 글로벌AI&로봇액티브(471040), KODEX 미국나스닥AI테크액티브(411420) 등이 그 예다.

셋째, 범용성이 높은 테마다.

즉, 특정한 섹터 한 개가 아니라 여러 섹터에 범용적으로 작동되는 테마다. 조선·원전·방산 같은 특정 섹터 ETF는 아무리 액티브라 하더라도 해당 섹터가 힘을 잃는 시기에는 성과가 저조하고, 액티브 매니저의 대응 한계가 드러난다. 시장 변화에 유연하게 대응할 수 있는 운용 전략을 수립하기 위해서는 기본적으로 테마가 넓으며 동시에 에지가 있어야 하는데, 이러한 에지 있는 광범위한 섹터에 적용되는 테마들은 다음과 같다.

국내 증시의 영원한 성장 키워드인 수출을 잡은 KoACT K수출핵심기업TOP30액티브(0074K0), 한국 증시의 밸류업 기업들을 찾아 투자하는 ACE 주주환원가치주액티브(447430), KoACT 코리아밸류업액티브(495230), ACE 라이프자산주주가치액티브(494330), Truston 주주가치액티브(472720) 등이 해당한다.

또 화장품, 음식, 여행, 엔터 등 다양한 섹터에 퍼진 K-컬처에 투자할 수 있는 타임폴리오의 TIMEFOLIO K컬처액티브(410870) 등이 해당한다.

넷째, 운용의 진정성이다.

ETF에는 말 그대로 다양한 액티브 ETF의 투자 테마가 존재한다. 그러나 근본적으로 액티브 ETF는 시간이 지나면 상장 종목 수

보다 많아질 수 있다. 그러나 일정 규모의 자금을 확보하지 못하면 일부 상품은 운용 우선순위에서 밀리기도 한다. 결국 사람이 하는 일 혹은 사람을 AI agent로 대체하는 과정에서도 결국 애정을 가지고 적극적으로 운용하는 ETF와 그렇지 못한 ETF 간에는 상당한 격차가 발생할 수밖에 없다. 그래서 에지 있는 테마도 중요하지만, 기본적으로 운용 자산 사이즈가 일정 규모를 형성할 필요가 있다는 점을 유념해야 하겠다.

최근 들어 액티브 ETF들의 출시는 해당 매니저가 운용하고 있는 공모·사모 펀드의 운용 전략을 ETF로 만들어내는 성향이 짙다. 즉 ETF의 운용 모티프가 해당 운용사의 다른 상품과 유사하다는 의미다. 주주 환원을 적극적으로 운용하는 사모 기관들은 주주 환원 ETF를 만들고, 초장기 성장주를 투자하는 데는 이러한 성격의 ETF를 만드는 식이다.

결과적으로 해당 운용사의 상품과 비슷한 성향의 상품이 많아질 수밖에 없는데, 이러한 점을 보았을 때 향후 액티브 ETF를 서브 요리가 아니라 메인 요리로 평가할 기관들의 상품들을 보는 것도 중요하다.

따라서 액티브 ETF의 인원이나 규모 역시 중요할 수밖에 없다. 그런 맥락에서 현재 TIGER(미래에셋자산운용), KODEX(삼성자산운용), TIMEFOLIO(타임폴리오자산운용), ACE(한국투신탁운용), KoACT(삼성액티브자산운용) 등의 운용사가 만들어내는 액티브 ETF가 시장의 지배력을 더 확대해 나갈 것으로 판단된다.

물론 액티브 ETF는 만능이 아니다. 앞에서 투자는 운전과 같다고 설명했는데, 특히 액티브 ETF는 단순히 내비게이션이 알려주는 경로만 따르는 대중교통이 아니라 길이 막히면 돌아가고, 우회로를 찾아 시간을 단축하는 '운전사 있는 차'에 가깝다. 그러나 운전에는 사고 위험이 있듯, 투자에도 원본 손실 위험은 늘 존재한다는 점을 염두에 둬야 한다.

결국 이 책 『달러 자산 1억으로 평생 월급 완성하라』가 강조하는 메시지는 은퇴 후에도 안정적인 현금 흐름을 만들라는 것이다. 액티브 ETF는 그 현금 흐름을 보조적으로 설계할 수 있는 숙련된 운전사와 같은 존재다. 모두가 같은 시간에 같은 목적지에 도달하는 패시브 ETF와 달리, 액티브 ETF 혼합 전략을 활용하면 조금 더 빠르게, 혹은 더 멀리 갈 수 있는 기회를 발견할 수 있을 것이다.

액티브 ETF의 성장과 성과는 단순한 우연이 아니라 시장이 다시 '초과 수익'을 요구하고 있음을 보여준다. 따라서 액티브 ETF는 단순한 투자 수단을 넘어 시장의 변화와 혁신을 담아내는 그릇이다. 패시브가 모든 투자자의 '평균적인 목적지'라면, 액티브는 같은 길 위에서 더 앞서거나 다른 길을 개척할 수 있는 가능성을 보여준다. 앞으로 투자자는 수많은 상품과 마케팅 속에서 단기 성과에만 흔들리기보다 운용 철학과 자산 규모 그리고 장기적 신뢰성을 기준으로 ETF를 선별해야 한다.

결국 액티브 ETF는 패시브 ETF와 더불어 투자 시장의 두 축으로 자리 잡을 것이며, 이 흐름을 이해하는 것이 액티브 ETF 시대를 슬기롭게 살아가는 길이다.

달러 자산 1억으로
평생 월급 완성하라

초판 1쇄 발행 2025년 8월 25일
초판 16쇄 발행 2025년 11월 14일

지은이 채부심(채상욱)
펴낸이 안지선

책임 편집 신정진
디자인 최치영
마케팅 타인의 취향 김경민, 김나영, 강지민
경영지원 강미연
펴낸곳 (주)몽스북
출판등록 2018년 10월 22일 제2018-000212호
주소 서울시 강남구 학동로4길15 724
이메일 monsbook33@gmail.com

© 채부심(채상욱), 2025
이 책 내용의 전부 또는 일부를 재사용하려면
출판사와 저자 양측의 서면 동의를 얻어야 합니다.

ISBN 979-11-992299-7-6 03320

mons
(주)몽스북은 생활 철학, 미식, 환경, 디자인, 리빙 등
일상의 의미와 라이프스타일의 가치를 담은 창작물을 소개합니다.